배 신 자 들 의   끝

기원전 109년부터 기원전 108년까지 우리나라 최초의 국가 고조선과 중국 한漢 사이에 전쟁이 벌어졌다. 전쟁 직전 고조선은 한반도 남쪽의 여러 소국들과 한이 직접 교역하는 것을 가로막고 중계무역으로 이익을 독점했다. 기원전 109년 한이 수군과 육군을 동원해 고조선을 공격하면서 전쟁이 시작되었다. 한은 죄수들까지 전쟁에 동원해 고조선 공격에 적극적으로 나섰지만 고조선의 강력한 저항으로 소기의 목적을 달성할 수 없었다.

그러나 전쟁이 장기화되면서 고조선 내부에 분열이 발생했다. 결국 기원전 108년 고조선의 수도 왕험성王險城이 함락되면서 고조선은 멸망했다. 한은 그곳에 낙랑樂浪, 진번眞蕃, 임둔臨屯, 현도玄菟 등 한사군을 설치했다.

기원전 108년

고조선 수도 왕험성 함락

"원봉 3년 여름에 니계상 참이 사람을 시켜 조선왕 우거를 죽이고 투항했다. 그러나 왕험성은 함락되지 않았고 우거왕의 대신 성사가 한을 배반하고 다시 공격했다. 좌장군은 우거왕의 아들 장항과 조선상 로인의 아들 최를 시켜 백성들로 하여금 성사를 죽이게 했다. 이후 조선을 평정해 네 군을 뒀다." 《사기》〈조선 열전〉

313년

고구려 미천왕, 한사군 가운데 하나인 낙랑군 공략.

기원전 109년, 한의 사신이 고조선의 국경 일대에서 피살됐다. 한 무제의 명령을 받아 고조선을 겁박하던 섭하涉河였다. 섭하는 고조선의 우거왕右渠王에게 복종을 강요했지만, 우거왕은 이를 거부했다. 맨손으로 돌아갈 수 없었던 섭하는 국경으로 자신을 배웅하던 고조선의 장수를 살해하고 복귀했다. 한 무제는 섭하를 요동 동부도위에 임명했다. 이러한 조치에 분노한 고조선은 섭하를 기습 공격해 살해했다. 이제 고조선과 한은 돌아올 수 없는 강을 건넜다.

기원전 109년 가을, 한의 공격이 시작됐다. 누선장군 양복楊僕은 수군 7,000명을 거느리고 산둥반도에서 출발했다. 좌장군 순체荀彘는 육군 5만 명을 거느리고 요동으로 진군했다. 이때 양복의 수군은 수로를 이용해 고조선의 수도 왕험성王險城(또는 왕검성王儉城)으로 직행했다. 한군의 규모가 7,000명에 불과한 것을 파악한 고조선은 성문을 열고 나와 공격을 감행했다. 양복이 이끄는 부대는 패해 무너졌고 양복은 산 속으로 숨었다가 십여 일 후 겨우 병력을 수습할 수 있었다.

이때 육로로 진군한 순체의 5만 명도 고전을 면치 못했다. 선발대가 고조선에게 패해 흩어져 버렸고, 본대도 패수浿水 서쪽에서 고조선의 군세를 극복하지 못했다. 전선은 교착상태에 빠졌다. 한 무제는 새로이 위산衛山을 파견해 고조선과 협상을 시도했다. 고조선은 태자를 보내 사죄하기로 하고 군사 만여 명을 딸려 보냈다. 위산과 순체는 고조선의 태자가 이끄는 군사 만여 명을 의심해 패수를 건너오면서 무장을 해제하라고 요구했다. 태자는 한의 요구를 수용할 수 없었고, 패수를 건너지 않고 되돌아 와버렸다. 강화회담은 결렬됐다.

왕험성, 최후의 저항

위산이 돌아와 그간의 사정을 한 무제에게 보고했다. 무제는 위산을 처형한 다음 다시 고조선에 대한 공격을 명했다. 좌장군 순체가 이끄는 한군은 패수를 지키던 고조선 군대를 격파하고 강을 건넜다. 순체가 고조선의 수도 왕험성 서북쪽에 주둔하고, 양복도 왕험성 남쪽에 주둔하면서 왕험성은 포위되었다. 그러나 몇 달이 지나도 성은 함락되지 않았다. 이에 순체는 급히 공격할 것을 주장했고, 양복은 포위한 채 항복을 유도하자는 입장을 보였다.

좀처럼 왕험성이 함락되지 않자, 한 무제는 제남태수였던 공손수 公孫遂를 파견했다. 공손수가 도착하자 순체는 양복 때문에 싸울 시기를 놓쳤으며 양복이 고조선과 내통하고 있다고 모함했다. 공손수는 양복을 결박하고 양복의 군대를 순체의 군대와 합쳐 새롭게 편성했다. 이러한 사실을 한 무제에게 보고하자, 황제의 명령 없이 함부로 행동했다 해서 공손수는 참수당하고 말았다. 이로써 고조선에 주둔하던 한의 군사들은 모두 좌장군 순체의 통제를 받게 되었다.

부대 정비를 마친 한의 군대가 왕험성을 맹렬히 공격했다. 이러한 한의 공격으로 왕험성이 함락되지는 않았지만, 포위 상황이 길어지

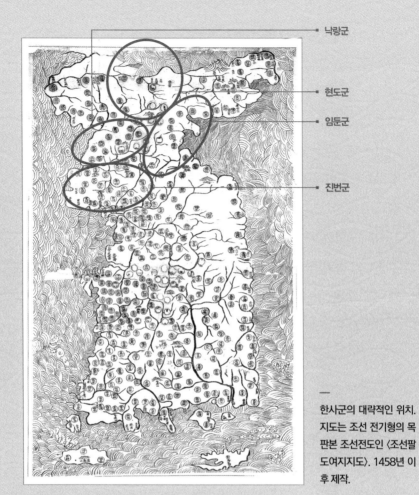

낙랑군

현도군

임둔군

진번군

한사군의 대략적인 위치. 지도는 조선 전기형의 목판본 조선전도인 〈조선팔도여지지도〉. 1458년 이후 제작.

명도전明刀錢. 중국 전국시대 연燕에서 사용된 칼 모양의 청동 화폐로 랴오닝성遼寧省과 한반도 북부 등 고조선 지역에서 많이 출토되었다. 이를 통해 고조선이 중국과 교역을 했음을 짐작할 수 있다. 평북 용연동 유적.

면서 내부에서 균열이 발생했다. 조선상朝鮮相 로인路人, 상相 한음韓陰, 니계상尼谿相 참參, 장군 왕겹王唊 등이 서로 모의했다. "처음에 누선장 군 양복에게 항복하려 했는데, 누선장군이 지금 체포되고 좌장군 순 체가 홀로 양군을 지휘해 전세가 더욱 급하게 되었다. 능히 한군과 싸워낼 수 없을 것 같은데, 왕은 또 항복하기를 거부한다." 결국 한음, 왕겹, 로인이 도망쳐 한에 투항했다. 투항 과정에서 로인은 사망했다.

최초 모의한 4인 가운데 세 명이 먼저 한에 투항했고, 니계상 참은 고조선에 남았다. 니계상 참이 우거왕에 대한 충성심이 깊어 고조선에 남아 있었던 것은 아니다. 참은 국가의 주요인사 세 명이 투항하는 어수선한 분위기에서 홀로 자리를 지킴으로써 오히려 우거왕의 신임을 얻었을 가능성이 크다. 참은 우거왕에게 보다 가까이 접근하려던 심산이었다. 기원전 108년 여름, 때를 기다리던 니계상 참은 사람을 시켜 우거왕을 죽인 후 한에 투항했다.

국왕이 사망했지만 왕험성은 함락되지 않았다. 우거왕의 신하였던 성기成己가 주변을 수습하고 다시 한에 대항했다. 상황이 이렇게 전개되자, 좌장군 순체는 다시 방안을 강구했다. 이번에는 우거왕의 아들 장長과 로인의 아들 최最를 활용했다. 고조선 최고위층의 아들들이 백성들을 회유하고 성기를 주살하도록 만든 것이다. 결국 성기는 살해되고 왕험성은 함락되었다. 고조선이 멸망하자 한은 그 자리에 진번眞番, 임둔臨屯, 낙랑樂浪, 현도玄菟 등 네 개 군을 설치했다. 흔히 말하는 '한사군漢四郡의 설치'다.

고조선을 배신한 이들은 한의 공신이 되었다. 이들의 행적은《한서漢書》권17, 공신연표에서 확인할 수 있다. 장군 왕겹은 평주후平州侯로 책봉되었으며 식읍 1,480호를 하사받았다. 니계상 참은 홰청후澅淸侯로 책봉되었으며 식읍 1,000호를 받았다. 상 한음은 추저후秋苴侯로 책봉되었으며 식읍은 540호를 받았다. 우거왕의 아들 장은 기후幾侯가 되었으며 로인의 아들 최는 저양후沮陽侯가 되었다.

중국 주周 시기 때 작爵은 공公, 후侯, 백伯, 자子, 남男 5등으로 구분되었다. 당시 기준은 토지의 크기였다. 공과 후는 100리, 백은 70리, 자와 남은 50리, 이렇게 3등으로 나눠졌다. 춘추전국시대를 거쳐 한 시대에 이르면, 토지의 크기보다 거주민의 규모 즉 호가 기준이 된다. 열후는 보통 3,000호 미만의 후국侯國을 영유하는데, 1,000호 내외가 압도적으로 많다. 열후는 크게 왕자후王子侯, 공신후功臣侯, 은택후恩澤侯로 구분된다. 고조선을 배신하고 한의 책봉을 받은 이들은 모두 공신후가 되었다.

후국의 규모는 공적의 대소나 황제와의 친소親疏에 따라 결정되었다. 고조선을 배신한 이들의 경우 우거왕을 죽이고 한에 항복한 니계상 참보다 장군 왕겹의 식읍이 더 많다. 이는 투항 당시 니계상 참보다 장군 왕겹의 공로가 더 컸음을 의미한다. 왕겹의 뚜렷한 공로가 확인되지는 않지만, 그의 직함이 '장군'이었다는 점을 주목해볼 수 있다. 아마 고조선 내부의 군사 기밀 확보나 군부에 대한 영향력 등을 감안했던 것으로 여겨진다.

　고조선을 직접 공격해 멸망시켰던 좌장군 순체와 누선장군 양복은 어찌되었을까? 한 무제는 순체가 한으로 복귀하자 군공을 서로 다투고 시기해 계획을 망친 죄를 물어 기시棄市, 즉 참수해 저잣거리에 버렸다. 양복도 순체를 기다리지 않고 함부로 군사를 움직여 많은 병사를 잃어버린 점을 문책받았다. 다만 주살시키지는 않고 속전贖錢을 받은 후 서인으로 강등시켜 버렸다. 고조선의 신하로서 한에 투항한 이들과는 상반된 결과였다. 고조선 멸망에 있어 한의 공격보다 고조선 내부의 투항이 결정적이었음을 알 수 있다.

　가장 많은 식읍을 받았던 장군 왕겹은 기원전 108년 4월에 책봉되었는데 이듬해 기원전 107년에 돌연 사망했다. 왕겹은 후사가 없어 대가 끊겨졌다. 상 한음은 기원전 108년 4월에 책봉되어 17년 후인 기원전 91년에 사망했다. 한음 또한 후사가 없어 대가 끊겨졌다. 고조선을 배신하고 한의 공신이 되었지만, 그들의 부귀영화는 이어지지 못했다.

　두 번째로 많은 식읍을 받았던 니계상 참은 기원전 108년 6월에 책봉되어 9년 후인 기원전 99년에 사망했다. 참은 도망친 고조선 포로를 숨겨준 죄로 옥에 갇힌 채 병들어 죽었다. 우거왕의 아들 장은 기원전 107년 3월에 책봉되었다가 2년 후인 기원전 105년에 처형되었다. 모반을 획책했다는 죄목이었다. 이미 고조선이 멸망하고 한사군이 들어선 상태에서 이들이 고조선의 포로를 숨겨주거나 모반을 획책했을 가능성은 크지 않다. 이들은 고조선 멸망에 결정적 역할을

해 이미 한의 공신이 되어 있었다. 이런 입장에서 다시 흉을 배신하고 고조선을 위해 어떤 행동을 취했다고 보기는 어렵다. 이들은 한이 고조선의 불씨를 완전히 없애는 과정에서 희생되었던 것이다.

중국 춘추전국시대 범려는 월에서 활동하며 월이 오를 멸망시키는 데 크게 공헌했음에도 결국 월을 떠났다. 장차 월 국왕 구천이 자신을 그대로 두지 않을 것이라 헤아렸기 때문이다. 범려는 유명한 '토사구팽兎死狗烹'이라는 말을 남겼다.

사냥꾼은 사냥개가 자신을 다음 사냥감으로 삼을까 두려워하기 마련이다. 범려는 미래를 예감하고 화를 면했지만, 고조선 멸망에 앞장섰던 이들은 그렇지 못했다. 전쟁 이후 논공행상을 살펴보면, 자신이 몸 담았던 곳과 함께했던 이들을 배신하고 일신의 영달을 꾀한 대가는 대개 이런 식으로 끝났다.

관산성전투 이후,

나 당 동 맹 의   결 성

고대 국가인 고구려, 백제, 신라가 정립되면서 삼국시대가
시작되었다. 백제는 4세기, 고구려는 5세기, 신라는 6세기
에 각각 전성기를 맞이했다. 당시 각국은 전성기를 맞이했
을 때 모두 한강 유역을 차지하고 있었다. 5세기 고구려는
광개토대왕과 장수왕을 거치면서 전성기를 맞이했고, 남하
정책을 펴면서 한강 유역을 확보했다. 이에 백제와 신라는
연합해 고구려에 대응해야만 했다.
551년 백제는 신라와 함께 한강 유역으로 진출했지만, 553년
신라가 한강 유역 전체를 차지하면서 두 나라 사이에 전운
이 감돌았다. 554년 백제와 신라가 현재 충청북도 옥천 일
대에서 전투를 벌였다(관산성전투). 이 전투에서 백제가 신
라에 패하면서 약 3만 명이 전사했고, 국왕도 사망했다. 관
산성전투는 한반도 남부의 주도권이 신라로 넘어가는 계기
가 되었다.

554년 7월

신라, 관산성전투에서 백제 성왕 처형.

"명왕이 하늘을 우러러 크게 탄식하고 눈물을 흘리며 허락하기를 '과인이 생각할 때마다 늘 고통이 골수에 사무쳤다. 돌이켜 생각해도 구차하게 살 수는 없구나'라고 하고는 참수 당했다." 《일본서기》

642년 8월

백제, 신라 대야성 공략.

"대야성이 패했을 때 품석의 아내도 죽었는데, 이는 춘추의 딸이었다. 춘추가 이를 듣고 기둥에 기대 서서 하루 종일 눈도 깜박이지 않았고, 사람이나 물건이 그 앞을 지나가도 알아보지 못했다. 얼마가 지나 '슬프구나! 대장부가 되어 어찌 백제를 삼키지 못하겠는가?'라 했다." 《삼국사기》 선덕여왕 11년.

한강을 차지하는 자가 한반도를 지배한다

6세기 중엽 고구려, 백제, 신라 삼국의 다툼이 치열해졌다. 이 시기 한강 유역은 고구려가 차지하고 있었는데, 백제와 신라는 국력을 키워 호시탐탐 세력 확장을 노리고 있었다. 당시 고구려는 국내 정치가 혼란했고, 대외적으로는 북제北齊와 돌궐突厥의 압박이 심해지고 있었다. 이 틈을 타 백제와 신라는 연합해 한강 유역으로 진출했다.

551년 백제는 경기도 일대인 한강 하류 지역을, 신라는 강원도 일대인 한강 상류 지역을 차지했다. 경기도에서 강원도까지 내려와 있던 고구려의 국경선을 그대로 위로 들어 올린 것이다. 고구려는 백제와 신라 연합군의 북진에 제대로 대응하지 못했고, 바로 턱 밑까지 치고 올라온 백제를 경계해야만 했다.

그런데 553년이 되면 신라가 한강 유역 전체를 장악한다. 예부터 한강 하류는 정치, 경제, 문화적으로 한반도에서 중요한 곳이었다. 한강 유역은 신라가 한 단계 성장하기 위해서는 반드시 필요한 곳이었다. 원래 한강 하류 지역은 백제 왕조의 출발지였다. 그런 곳을 백제가 너무 손쉽게 신라에게 내주고 말았던 것이다. 특이한 것은 당시 백제와 신라 사이에 전투 기록이 전혀 나타나지 않는다는 점이다.

앞서 한강 유역은 고구려가 차지하고 있었기 때문에, 백제와 신라가 공동으로 대응할 수 있었다. 하지만 신라가 한강 유역을 독점하면서 북쪽에서는 고구려, 서쪽에서는 백제, 바다 남쪽에서는 왜의 압박이 가해졌다. 또 신라는 한강 유역과 동북방 지역을 차지하면서 영토

가 급격히 늘어났다. 이로 인해 공세종말점攻勢終末點(공세를 지속할 수 있
는 능력을 상실하게 되는 시점)에 도달했고, 보급로 확보와 병력 수급에 문
제가 발생했다. 결국 신라는 동북방 지역은 포기하고 한강 유역만 유
지하는 방향으로 전략을 전환했다. 그러나 이마저도 신라의 역량으
로는 유지하기 어려웠다.

신라의 한강 점령이 백제의 의도였다면?

일반적으로 신라가 한강 유역을 차지할 수 있었던 까닭에 대해 '신라
가 백제와의 동맹을 일방적으로 파기하고 몰래 고구려와 연화連和했
기 때문'이라고 설명된다. 《일본서기日本書紀》에는 "고구려가 신라와
화친해 세력을 합해 백제와 임나를 멸망시키려 도모한다"라는 표현
도 있다.

　그러나 군사적으로 볼 때 신라가 한강 유역을 독점한 데 대한 최
대 수혜자는 백제였다. 한강 유역을 포기한 백제의 결정은 신라의 과
도한 영토 확장과 그에 따른 국경선 방어 약화를 초래했다. 또 고구
려와의 국경선은 고스란히 신라에게 떠넘겨 버렸다. 백제가 의도적
으로 한강 유역을 신라에게 내줬다고 본다면, 신라는 독이 든 술잔을
마신 꼴이 된다.

　만약 백제가 과도하게 신장되는 바람에 약화된 신라의 중앙 방어
선에 쐐기를 박는다면 어떻게 될까? 백제가 충북 지역을 공격하면,

전쟁 이후의 한국사

즉 한강 유역과 신라의 원래 영토를 갈라치면 신라는 새로 편입시킨 한강 유역은 물론 기존의 영토도 지키기 어렵게 된다. 실제로 554년 백제는 대대적으로 군사를 동원해 충북 옥천의 관산성을 공격했다. 바로 삼국의 운명을 가른 관산성전투다.

성왕의 죽음으로 어그러진 백제의 계산

백제와 신라 모두 물러설 수 없는 대결이었다. 이 전투에서 이기는 쪽이 한반도 남부의 주도권을 쥘 수 있었다. 초반 승기는 병력을 집중 운용한 백제가 잡았다. 신라군의 각간角干 우덕과 이찬伊湌 탐지 등이 백제군에 맞서 싸웠으나 패했다. 이에 신라는 한강 유역에 배치되어 있던 병력까지 동원해야만 했다. 신주新州의 군주軍主 김무력이 군사를 이끌고 참전했지만, 뚜렷한 성과를 보이진 못했다.

이때 양국의 운명을 가르는 사건이 발생한다. 백제의 국왕인 성왕이 직접 전투 현장을 둘러보기 위해 관산성으로 향했다. 국왕이 호위병 50명만 거느린 채 관산성으로 다가간 것이다. 호위병이 적었던 이유는 백제가 이미 장악한 지역이었고, 야간에 이동했기 때문이라 풀이된다. 하지만 백제 국왕의 이동 정보가 신라군에게 새어나갔다. 신라군은 이동로 곳곳에 매복하고 기다렸다. 이들은 성왕의 일행이 나타나자 맹렬히 공격했고, 결국 성왕은 신라의 복병에 의해 사망하고 만다.

《삼국사기》에 따르면 백제 성왕을 죽인 인물은 삼년산군三年山郡의 고간高干 '도도都刀'다. 삼년산군은 현재 충북 보은군 일대이며, 고간은 외위外位로서 경위京位의 급찬級飡 9등에 해당한다. 백제 국왕을 참수한 인물치고는 낮은 지위라 할 수 있다.

《일본서기日本書紀》에는 백제 성왕을 죽인 인물이 '고도苦都'라고 되어 있다.

> 이때 신라에서 좌지촌佐知村 사마노飼馬奴 고도苦都(다른 이름은 곡지谷智)에게 말하기를 '고도는 천한 노奴다. 명왕明王(성왕)은 뛰어난 군주이다. 이제 천한 노로 하여금 뛰어난 군주를 죽이게 하려 한다. 후세에 전해져 사람들의 입에서 잊히지 않기를 바란다'라고 했다. 얼마 후 고도가 명왕을 사로잡아 두 번 절하고 '왕의 머리를 베기를 청합니다'라고 했다. 명왕이 '왕의 머리를 노의 손에 줄 수 없다'라고 했다. 고도가 말하기를 '우리나라의 법에는 맹세한 것을 어기면 비록 국왕이라 하더라도 노의 손에 죽습니다'라고 했다.

정황상 도도와 고도를 같은 인물로 볼 여지도 있다. 하지만 《삼국사기》에 나타나는 도도는 고간이라는 관등을 지닌 지배층이며, 《일본서기》의 고도는 말 먹이를 주는 노비라는 의미의 사마노다. 좌지촌이라는 출신 지역과 사마노라는 노비 직책이 구체적으로 드러나고, '곡지'라는 또 다른 이름이 전해지는 것으로 보아 신빙성 높은 기

북한산신라진흥왕순수비
北漢山新羅眞興王巡狩碑와 그 탁
본. 지금까지 발견된 진흥
왕순수비 네 기 가운데 하
나로 진흥왕이 한강 유역을
순수한 것을 기념해 세웠
다. 국립중앙박물관 소장.
국보 3호.

"신라는 553년 백제로부터 한강 하류 지역을 빼앗고,
555년에 왕이 북한산주를 순행해 강역으로 확정했다."
《삼국사기》.

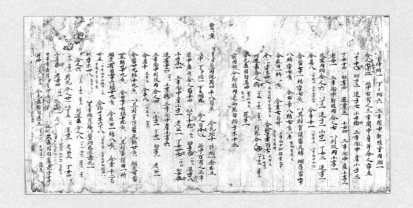

〈신라촌락문서〉 중 노비가 기록된 부분. 네 개 촌락 인구 442명 가운데 노비는 25인으로 양인과 같
은 마을에 살았으며 일반 백성과 똑같이 나라에 세금을 냈다.

록이라 여겨진다.

그렇다면 도도와 고도를 어떻게 이해하는 것이 바람직할까? 삼년
산군 아래에 좌지촌이 존재했고, 고간 도도 휘하에 사마노 고도가 있
었던 것으로 볼 수 있다. 《삼국사기》는 군공을 대표할 수 있는 장수
이름을 앞세웠고, 《일본서기》는 치욕적인 노비 이름을 부각시켰던
것이다. 사마노 고도는 주인의 말을 관리하기 위해 주변 일대의 지형
과 식생 파악에 뛰어났음에 분명하다.

기회와 위기를 함께 맞은 신라

신라는 백제 성왕(명왕)을 사로잡기도 전에 이미 사마노 고도로 하여
금 죽이게 한다는 계획을 세우고 있었다. 신라는 어떻게 고도로 하여
금 백제 성왕을 죽일 수 있다고 생각했던 것일까? 이 점이 의문의 시
작이자 실마리다. 삼년산군 좌지촌 출신의 사마노 고도는 충북 지역
의 지형을 숙지하고 있었다. 신라는 고도를 의도적으로 백제 성왕의
진출로에 노출시켜, 포로로 잡히게 했을 가능성이 크다.

백제 성왕은 현지 주민을 향도嚮導로 삼아 안전하고 빠른 지름길을
안내받았다. 하지만 그 길에는 삼년산군의 도도가 이끄는 신라군이
매복하고 있었다. 고도의 또 다른 이름이 '곡지谷智'라는 점을 감안하
면, 고도는 백제 성왕 일행을 신라군이 매복하고 있는 '골짜기'로 유
인했던 것으로 추정된다. 실제 대부분의 매복도 좁은 골짜기를 이용

전쟁 이후의 한국사

해야 포위가 쉬운 법이다.

신라가 계획한 대로 백제 성왕이 포로로 잡히자, 고도로 하여금 목을 베게 했다. 백제 국왕이 사망하자 백제군은 급속히 무너졌다. 이때 백제의 좌평佐平 4인과 군사 2만 9,600명이 전사했다. 신라의 전과가 과장되었다고 보더라도 국왕을 비롯해 최고 관등인 좌평 네 명과 수만 명의 군사가 패몰한 결과는 분명한 참패다.

554년 관산성전투에서 백제 성왕이 사망하면서 백제의 신라 공략은 물거품이 되고 말았다. 이후 신라는 한강 유역에 대한 장악력을 강화하고, 중국과의 교류도 적극적으로 추진했다. 최약체였던 신라가 한강 유역을 확보함으로써, 이제 고구려나 백제와 대등하게 맞설 수 있게 되었다.

554년 성왕의 사망으로 백제의 큰 그림은 어그러지고 말았다. 그렇다고 완전히 끝난 것은 아니었다. 국력을 회복한 백제는 의자왕대에 이르러 적극적으로 신라 공략을 추진했다. 그 결과 642년 신라는 대야성을 비롯해 옛 가야 지역 대부분을 백제에게 빼앗기고 만다. 이에 위기를 느낀 신라는 당과 동맹을 맺어 난국을 타개하고자 했다.

결국 648년 김춘추의 노력으로 쉽지 않은 나당동맹이 결성되었고, 그 연합군에 의해 백제가 멸망한다. 관산성전투로부터 백여 년이 흐른 660년의 일이다.

백강전투 이후,

사 라 진   주 류 성

660년 나당연합군 18만 명이 백제의 수도 사비를 함락시키면서 백제는 멸망했다. 하지만 흑치상지黑齒常之가 나당연합군에 맞서 임존성에서 거병했고, 복신福信과 도침道琛은 주류성에서 부흥운동을 일으켰다. 백제 의자왕의 아들로 일본에 볼모가 있던 부여풍扶餘豊도 이 무렵 백제로 귀환하게 된다. 백제 부흥운동은 부여풍을 구심점으로 활기를 띠게 된다. 왜는 백제 부흥군을 지원하기 위해 수만 명을 파병했고, 이들은 금강 하구 일대에 집결했다.

663년 백제 부흥군과 왜군이 연합해 금강 하구에서 나당연합군과 전투를 벌였다. 당시 왜군이 동원한 병선 수만 400척 이상이었다. 하지만 백제 부흥군과 왜군은 백강전투에서 패했고, 이후 백제 부흥의 꿈도 사라지고 말았다.

660년 7월 18일

의자왕, 나당연합군에 항복. 백제 멸망.
"왕께서 탄식하기를 '성충의 말을 듣지 않아 이 지경에 이름을 후회한다' 하고 북쪽으로 달아났다."《삼국유사》

663년 8월 27일

백제 부흥군, 백강에서 나당연합군과 충돌.
"주류성이 비로소 당에 항복했다. 이때 사람들이 '주류가 항복했으니 백제의 이름이 오늘에 끊어지게 되었다. 조상의 묘가 있는 곳에 어찌 다시 갈 수 있겠는가'라고 했다."《일본서기》

660년 백제는 나당연합군에게 멸망당했다. 하지만 백제 멸망 직후부터 부흥운동이 거세게 일어나 나당연합군을 곤란케 했다. 백제 부흥군의 요청에 따라 왜는 군사를 파견했다. 663년 8월, 백제부흥-왜 연합군과 나당연합군이 금강 하구에서 격돌했다. 이 사건을 한국에서는 백강白江전투라 하고, 일본에서는 백촌강白村江전투라 한다.

《자치통감資治通鑑》에 따르면, 나당연합군은 육군과 수군으로 나누어 진격해 전투를 치른 것으로 되어 있다. 당의 손인사와 유인원 그리고 신라의 문무왕이 육군을 거느리고 진격했고, 당의 유인궤와 두상 그리고 부여륭扶餘隆이 수군과 양선을 거느리고 진격했다. 유인궤가 이끄는 수군은 백강에서 육군과 합류해 주류성으로 진격했다. 이 과정에서 당 수군은 백강구에서 왜군을 맞아 네 번 싸워 모두 이겼다.

그 결과 왜군 선박 400척이 불탔고 바다는 붉게 물들었다. 《일본서기》에는 당시 왜군 장수들과 백제(부흥)왕이 기상을 살피지 않고 선제공격에 나섰다가 참패했다고 전한다. "우리가 선수를 친다면 저쪽은 스스로 물러갈 것이다." 왜 수군은 수적 우위에 자신감을 가지고 대오를 제대로 갖추지 않은 상태에서 중군中軍을 출정시켰다. 하지만 미리 군건히 진영을 편성하고 있던 당 수군을 격파할 수는 없었다. 이때 좌우에서 당 수군이 몰려나와 왜 수군을 협격했다. 매복이 있었던 것으로 보인다.

순식간에 왜 수군은 대패했고, 물에 빠져 익사한 군사들이 넘쳐났다. 당시 뱃머리와 고물을 돌릴 수가 없었다고 기록되어 있는데, 금강 하구의 조류를 제대로 이해하지 못한 상태에서 섣불리 공격한 것으로 짐작된다. 참전한 왜군 장수 박시전래진朴市田來津은 하늘을 우러러 맹세하고 이를 갈며 분노했다. 그리고 수십 명을 죽이고 마침내 전사했다고 한다. 결국 백제왕 부여풍扶餘豊은 몸을 빼 고구려로 달아났다.

진투 결과 왜군 400척이 불탔고, 백제 부흥운동은 희망을 잃어버렸다. 백강전투에서 나당연합군이 백제-왜 연합군을 격파하자 주류성周留城도 항복하고 말았다. 주류성은 백제 부흥군의 최대 거점이었다. 주류성 항복 이후 최후까지 버티던 임존성任存城마저 함락되면서 백제 부흥운동은 막을 내렸다.

《삼국사기三國史記》를 살피면 백강전투와 관련해 다음과 같은 서술이 나온다.

총관 손인사가 군사를 거느리고 부성府城을 구원하러 왔을 때 신라 군사 또한 나아가 함께 정벌해 주류성 아래에 이르게 되었습니다. 이때 왜의 수군이 백제를 도우러 와 왜의 배 1,000척은 백사白沙에 정박해 있고 백제의 정예기병이 언덕 위에서 지키고 있었습니다. 신라의 용맹한 기병들이 중국 군사의 선봉이 되어 먼저 언덕의 진지를 깨뜨리니 주류성에서는 간담이 서늘해져 드디어 곧바로 항복했습니다.

일반적으로 백강전투는 당군과 왜군이 주도한 것으로 알려져 있다. 하지만《삼국사기》〈답설인귀서答薛仁貴書〉에는 또 다른 내용이 남아 있다. 수전은 당군과 왜군이 주력이었지만, 육전은 신라군과 백제 부흥군이 주도했음을 알 수 있다. 전투가 벌어진 '백사'는 금강 하구의 어느 백사장이었을 것이다. 수군을 호위하던 신라와 백제의 정예 기병끼리 전투를 벌여 신라군이 승리했으며, 이것이 백강전투에 적잖은 영향을 미쳤던 것이다.

백강전투는 고대 동아시아 국제전이라 할 수 있다. 전투에는 신라군과 백제 부흥군 그리고 당군 1만 7,000명과 왜군 2만 7,000명이 참가했다. 왜군이 수만 명이나 동원되었기에 일찍부터 일본학자들의 주목을 받았다. 큰 흐름에서 본다면 일본학계는 왜가 백제의 종주국이었기 때문에 백제를 구원하기 위해 참전했다고 주장했다. 반대로 한국학계는 왜가 백제의 속국이었기 때문에 왜의 병력을 동원했다는 입장이다. 왜의 수군 파견 이유에 관해서는 아직도 평행선을 달리고 있다.

주류성은 어디에 있었는가?

이에 앞서 해결되어야 할 문제가 있다. 백강과 주류성의 위치는 그 중요성에 비해 실체가 명확하지 않다. 백강과 주류성에 대한 구체적인 위치는 아직도 논란이 분분하다. 고대사 최대 난제 가운데 하나다. 백강의 위치는 금강, 동진강, 줄포만, 두포천, 아산만, 안성천 등으로 보는 견해가 나와 있다. 주류성은 서천, 연기, 홍성, 청양, 부안 등으로 비정되어 왔다. 백강과 주류성은 지방자치단체의 관광사업과 연계되어 있어 첨예하게 대립하고 있다.

이 가운데 백강은 대체로 금강 하구로 수렴되고 있다. 주류성의 위치는 크게 충남설과 전북설로 양분되어 있다. 원래 주류성의 현재 위치로는 충남 서천의 건지산성乾芝山城이 유력한 후보지였다. 하지만 발굴조사 결과 고려시대에 축성되었을 가능성이 높아 입지가 좁아졌다. 근자에는 전북 부안의 위금암산성位金巖山城(우금산성)이 주목받고 있다. 고대사학계의 무게감 있는 여러 학자들이 주장함으로써 설득력을 얻고 있다.

최근 움직임을 보면 주류성이 전북 부안으로 굳어지는 듯하다. 하지만 고고학 자료가 뒷받침되지 않을 경우, 문헌자료만 가지고 위치를 확정짓는 것은 위험하다. 문헌은 작성자의 의도나 착오가 개입될 수밖에 없기 때문이다.

《일본서기》에는 다음과 같이 기록되어 있다.

백제 왕은 적의 계략을 알고 여러 장수에게 말하기를 '지금 듣자하니 왜국의 장수가 구원 용사 만여 명을 거느리고 바다를 건너오고 있다. 나는 스스로 백촌白村에 가서 기다리다가 맞이하려 한다.' 적의 장수가 주유성에 와서 왕성을 포위했다.

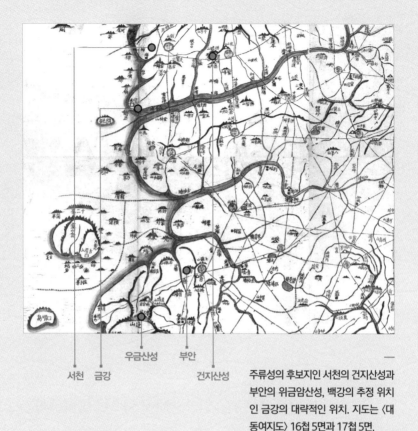

우금산성　부안

서천　금강　　　　　　　　건지산성

주류성의 후보지인 서천의 건지산성과 부안의 위금암산성, 백강의 추정 위치인 금강의 대략적인 위치. 지도는 〈대동여지도〉 16첩 5면과 17첩 5면.

임존성에서 거병했던 흑치상지 묘지명 탁본 가운데 일부. 1929년 중국 허난성河南省 망산邙山에서 아들인 흑치준의 묘와 함께 출토되었다. 흑치상지는 백제 부흥운동을 이끌었으며 실패한 다음 당으로 망명했다. 새겨진 기록에 따르면 흑치상지는 백제의 왕족으로 흑치국에 봉해졌기에 흑치씨가 되었으며 달솔을 제수받았다.

백제왕은 부여풍이며, '백촌(백강)'은 금강 하구로 비정된다. 부여 풍은 왜군이 파병된다는 소식에 주류성을 나와 이들을 맞이하기 위해 백촌으로 이동했다. 그렇다면 백촌은 주류성과 왜군의 진군로 사이에 있음이 분명하다. 그리고 백강전투에서 왜군이 패배하자 주류성이 항복했으므로, 주류성과 백강(백촌)은 그리 멀지 않은 곳에 위치함을 알 수 있다.

병력에서 압도적인 우위를 확신하지 않는 이상, 원정군이 섣불리 적의 방어구역에 들어가기는 쉽지 않다. 당시 나당연합군이 백제 지역을 장악하고 있었고, 백제 부흥군은 고립되어 있었다. 백제 부흥군은 수세적 위치였고, 왜군은 이들을 구원하기 위해 파견되었다. 즉 왜군의 파병 목적은 포위된 주류성을 구원하는 것이었다.

백제 부흥군은 위금암산성에서 최후를 맞았을까?

최근 대두되고 있는 전북 부안의 위금암산성설을 군사적으로 살펴보자. 위금암산성은 변산반도에 위치하고 있고, 금강은 변산반도 북쪽에 위치하고 있다. 일본열도에서 출발한 왜군은 한국의 서남해안을 돌아 북상했다. 만약 부안에 주류성이 위치하고 있다면 663년 왜군의 행동은 미친 짓이다. 급선무인 포위된 주류성을 구원하지 않고, 나당연합군이 미리 진을 치고 있는 금강 하구로 북상해서 전 병력을 털어 넣었다. 그랬다면 군사 전략상 하수 중의 하수다.

전쟁 이후의 한국사

전북 부안의 주류성을 구원하려면 우선 변산반도 남쪽에 상륙해서 포위를 풀 필요가 있다. 그 다음 백제 부흥군과 힘을 합쳐 나당연합군에 맞서는 것이 훨씬 유리하다. 남쪽의 주류성을 방치한 채 군이 북상해서 금강 하구까지 갈 필요가 없다. 만의 하나 왜군이 북상한 사이 포위된 주류성이 함락되기라도 한다면 왜군은 파병 목적을 상실하게 된다.

이러한 맥락에서 볼 때 주류성 전북 부안설은 받아들이기 어렵다. 군사 지리적으로 볼 때 합리적이지 않다. 나당연합군이 이미 진을 치고 있는 금강 하구 일대로 무리하게 들어간 것은 그 이유가 있기 마련이다. 바로 주류성의 구원 때문이었다. 그렇다면 주류성은 변산반도가 아니라 금강 이북에서 찾아야 할 것이다.

663년 금강 하구 일대에서 벌어진 백강전투와 이어진 주류성전투로 백제 부흥운동의 희망은 완전히 사라졌다. 이후 고구려 멸망과 신라의 삼국통일로 이어지면서 고대 동아시아는 새로운 시대를 맞이한다.

안시성전투 이후,

김 해 병 서 의   정 체

중원을 통일한 수隋는 백만 대군으로 고구려를 공격했지만 실패했다. 수를 이어 등장한 당도 고구려를 굴복시키고 싶어 했다. 당은 642년에 발생한 연개소문의 정변을 전쟁의 명분으로 삼았다. 644년 당 태종은 고구려 공격을 결정하고 전쟁 준비에 박차를 가했다.

645년 당 태종이 이끄는 당군은 수군과 육군으로 나눠 고구려를 침공했다. 당군은 개모성, 신성, 건안성, 비사성 등을 공략했고, 요동성과 백암성도 함락했다. 하지만 당군의 진격은 난공불락의 안시성에서 멈춰섰다. 당군은 60일 동안 토산을 쌓아 안시성을 공략하려 했지만, 토산은 무너졌고 고구려군에게 빼앗기고 말았다. 결국 645년 고구려를 침공한 당의 대군은 안시성에서 발길을 돌릴 수밖에 없었다.

645년 9월 18일

당 태종, 고구려 안시성 공격을 중지시키고 철수를 명령.

"당의 백성들이 성덕을 그리워함에도 문황(당 태종)께선 어인 일로 이 구석(안시성)까지 행차하셨는지." 이숭인의 〈개주蓋州〉 가운데

1931년

신채호, 《조선일보》에 《조선상고사》 연재 시작.

"연개소문은 제왕 당 태종을 격파해 지나 대륙의 침략을 시도했는데, 그 선악현부善惡賢否는 별문제로 하고 평가하자면 당시 고구려뿐 아니라 동방 아시아 전쟁사 중에 유일한 중심 인물이다."

《김(금)해병서金海兵書》는 고려시대에 사용된 대표적 병서 가운데 하나로 알려져 있다. 《김해병서》에 대한 기록은 《고려사高麗史》에서 확인할 수 있다. 1040년 8월, 서북로西北路 병마사兵馬使가 고려 정종에게 "김해병서는 군사 책략의 요결이오니 청하건대 연변沿邊의 주진州鎭에 각각 한 권씩 하사하기를 바랍니다"라고 아뢰었고, 정종이 그대로 따랐다고 되어 있다.

북방의 군사를 담당하고 있던 병마사가 보급을 국왕에게 건의한 것으로 보아 《김해병서》가 병서로서 가치가 높았음을 알 수 있다. 또한 여러 방어지역에 보급된 점에서 당시 상당한 규모로 이미 필사되어 있었거나 필사될 정도로 널리 알려진 병서였음을 짐작할 수 있다. 하지만 《김해병서》는 《고려사》 기록 이후 더 이상 등장하지 않고 지금까지 전해지지도 않고 있다.

일부 백과사전이나 뉴스기사에서는 고구려의 연개소문과의 관련성을 언급하기도 한다. 《김해병서》는 연개소문이 쓴 병법서로서 고려시대까지 전해졌다는 것이다. 이를 처음 주장한 이는 《조선상고사朝鮮上古史》를 쓴 단재 신채호였다.

신채호는 《조선상고사》, 제10편 〈고려의 대당對唐〉 전쟁, 제3장 안시성전투 부분에서 연개소문의 사적事蹟에 관한 기록들을 검토하면서 다음과 같이 서술했다.

나는 20년 전에 서울 명동에서 노상운盧象雲 선생이란 노인을 만났는데, 그는 '연개소문은 자字가 김해金海이며 병법 분야에서는 예나 지금을 통틀어 최고다. 그가 지은 《김해병서》는 송도시대에 왕이 각 지역에 병마절도사를 임명할 때마다 한 벌씩 하사하던 책이었다. 이 병서는 지금 존재하지 않는다. 연개소문이 그 병법으로 당의 이정李靖을 가르쳤고, 이정은 당 최고의 명장이 되었으며, 그 이정이 쓴 《이위공병법李衛公兵法》은 무경칠서武經七書 가운데 하나로 꼽힌다. 《이위공병법》의 원본에는 연개소문에게 병법을 배운 이야기가 자세히 쓰여 있을 뿐만 아니라 연개소문을 숭앙하는 구절들이 많다. 당과 송 사람들이 연개소문 같은 외국인을 스승으로 섬기고 병법을 배워 명장이 되는 것은 실로 중국의 큰 수치라고 여겨 드디어 그 병법을 없애버렸다'라고 했다.

위의 기록을 그대로 따르면, 연개소문은 《김해병서》를 쓸 만큼 병법에 통달했고, 이를 당의 장수 이정에게 가르쳐줬다고 볼 수 있다. 이정은 고구려 공격에 나섰던 당 태종의 심복으로, 당 태종에게 병법을 알려줄 만큼 병법에 능한 인물로 알려져 있다. 이정과 당 태종이 병법에 관해 나눈 대화가 정리된 것이 《이위공문대李衛公問對》라는 병서다.

645년 당 태종은 고구려를 직접 공격했다. 이 전쟁에서 당 태종은 고구려를 이기지 못하고 원정을 포기했다. 마지막 전투가 바로 안시성전투였다. 당시 고구려의 연개소문과 당의 이정은 각 나라를 대표하는 병법가라 할 수 있다. 이정은 나이가 들어 직접 고구려 전선에 참가하지는 않았지만, 당 태종의 전략 수립에는 관여했음이 분명하다. 노상운이 언급한 내용은 당시 연개소문이 이정에게 한 수 가르쳐 줬다는 것으로 풀이해볼 수 있다. 결국 연개소문이 이끄는 고구려가 이정이 이끄는 당보다 우월하다는 의미다.

《김해병서》는 실존했는가?

중국 산둥성山東省과 장쑤성江蘇省에는 연개소문 설화들이 남아 있다. 특히 장쑤성의 경우 고구려−당 전쟁과는 무관할 정도로 거리가 떨어져 있다. 그럼에도 장쑤성에는 당 태종이 연개소문에게 죽음 직전까지 몰렸다가 설인귀의 도움으로 살아났다는 전설, 설인귀가 당군의 연패를 끊고 연개소문 군대에 대승을 거두었다는 전설, 당 태종이 연개소문에게 쫓기다가 우물에 숨었는데 거미줄의 도움으로 목숨을 구했다는 전설 등이 남아 있다.

물론 연개소문이 산둥성과 장쑤성을 직접 공격한 적은 없다. 하지만 이 지역은 당의 고구려 원정 준비에 동원된 지역이다. 수와 당 시기 중국은 한반도 공격을 위해 산둥성에서 병력과 물자를 집결시켜 운반했고, 장쑤성에서는 병력과 물자를 운반하기 위한 선박을 징발했다. 산둥성과 장쑤성에 연개소문 전설이 남게 된 까닭에 대해서는

고구려의 기마무사. 벽화에 묘사된 대행렬도에서 우차를 탄 주인공을 호위무사들과 기마무사들이
둘러싸고 있다. 안악3호분.

고구려와의 전쟁에 동원되었던 병사들이 귀환하면서 생겨난 것으로 이해할 수 있다.

신채호는 노상운의 언급을 통해 연개소문이 《김해병서》를 쓴 것으로 시사했다. 당의 대군을 막아낸 고구려의 집권자 연개소문은 병법에 능했고, 충분히 병서를 쓸 수 있다고 본 것이다. 신채호의 《조선상고사》 이후 《김해병서》는 연개소문과 관계가 있는 것처럼 인식되기 시작했다. 지금까지 《김해병서》와 관련된 구체적 연구나 언급이 진행된 적이 없었기 때문이다.

다만 신채호가 《김해병서》를 연개소문이 지은 것이라 직접 단정하지는 않았다. "노선생이 이런 이야기를 어디에서 들어 알게 되었는지 내가 당시 사학史學에 어두워서 자세히 물어보지는 못했다"라고만 언급했다. 또 만주 지역에 고적과 전설이 많이 남아 있으므로 후일 혹시 연개소문의 기념비를 발견해 그에 대한 기록을 변증하고 누락된 기록을 보충하고 싶다는 소회를 적어놓기도 했다. 이런 맥락에서 보자면 신채호는 정체불명의 《김해병서》가 연개소문이 쓴 것이었으면 좋겠다는 심정이었던 것 같다.

동아시아를 아우른 병서의 진실

신채호는 1931년 《조선일보》에 한국 고대사에 관한 내용을 연재했고, 1948년 종로서원에서 이를 엮어 단행본으로 출간했다. 신채호의 연재가 상고사에서 중단되었기 때문에 책의 제목은 '조선상고사'라고 불리고 있다.

신채호가 연재하던 시점이 1931년이므로, 20년 전 명동에서 만난 '노상운 선생'은 1910년 무렵의 인물이라고 할 수 있다. 《조선상고사》를 통해서는 노상운이 어떤 인물인지 전혀 알 수 없다. 그가 언급한 연개소문과 《김해병서》의 관계가 어디에서 근거한 것인지도 알 수 없다. 또 신채호가 글을 연재한 시점은 노상운을 만난 지 20년이 지난 시점이었다. 나아가 연개소문의 자가 '김해'인지 알 수도 없고, 설령 김해라 하더라도 그것만으로 《김해병서》를 연개소문이 지었다고 단정할 수도 없다.

《김해병서》는 병서가 분명하므로 '김해'라는 용어에 주목해 보자. 《수서隋書》 권78, 〈소길蕭吉열전〉을 보면 김해라는 용어가 등장한다. 소길은 수 양제煬帝 시기 대학자로 오늘날 장쑤성에 해당하는 곳에서 태어났다. 자는 문휴文休이며 《오행대의五行大義》를 비롯해 《김해金海》 30권, 《상경요록相經要錄》 1권, 《택경宅經》 8권, 《장경葬經》 6권 등을 저술했다.

《구당서舊唐書》 권47 〈병서류兵書類〉에 보면 《김해》는 47권으로 소길이 편찬한 것으로 되어 있다. 《신당서新唐書》 권59, 병서류에도 소길이 《김해》 47권을 편찬한 것으로 되어 있다. 일본 측 사료인 《일본국현재서목록日本國見在書目錄》 '병가兵家' 항목에는 《김해》 37권으로 나와 있으며 수 소길이 편찬했다고 되어 있다.

《수서》는 7세기, 《일본국현재서목록》은 9세기, 《구당서》는 10세기,《신당서》는 11세기에 각각 편찬되었다. 사서별로《김해》의 분량이 30권, 47권, 37권으로 차이가 있지만, 수 양제 시기 소길이 40권 내외의 분량으로 편찬한 사실 자체는 부정하기 어렵다. 중국 측 사료와 일본 측 사료를 통해 볼 때,《김해》는 소길이 편찬한 병서라고 해도 무방하다.

연개소문의 사망 시점은 약간의 논란이 있지만 대략 666년으로 수렴된다.《김해》를 편찬한 소길의 사망 시점은 501년이다. 연개소문이 출생하기 160년 전에 이미《김해》라는 병서가 존재했고, 중국뿐만 아니라 9세기 일본에도 전해졌다. 따라서 당시 이 병서는 중국과 일본 사이에 위치한 우리나라에도 널리 알려졌음에 분명하다.《김해병서》라는 이름으로.

안시성전투는 중국 역사상 가장 위대한 군주 가운데 하나로 꼽히는 당 태종의 고구려 정복 야욕을 좌절시킨 사건이다. 안시성은 고립된 상황에서 구원군의 도움 없이 성공적으로 장기간 방어에 성공했다. 당시 안시성을 수비하던 고구려의 지휘관은 분명 병법에 능한 자였을 것이다. 먼 훗날 신채호가《김해병서》를 연개소문이 지은 것으로 믿고 싶을 만큼 고구려는 대군을 맞아 잘 싸웠던 것이다.

고구려 멸망 이후,

논 공 행 상 의 정 리

666년 고구려는 실력자 연개소문이 사망하면서 내분이 발생했다. 연개소문을 이어 장남 남생이 대막리지大莫離支가 되어 북부 지역으로 시찰을 떠났다. 이때 동생 남건과 남산이 권력을 장악하고 둘째 남건이 대막리지로 취임했다. 연개소문의 후계자들인 형제가 서로 다투다 장남 남생은 당으로 망명해버렸고, 연개소문의 아우 연정토는 신라로 투항해버렸다.

신라와 당 연합군은 고구려의 내분을 계기로 다시 고구려 공격을 준비했다. 668년 6월 이적李勣이 이끄는 당군과 김인문이 이끄는 신라군이 총공세에 나섰다. 결국 668년 9월 고구려는 나당연합군에 의해 멸망한다. 수, 당 제국의 침입을 여러 차례 막아낸 고구려였지만, 형제 내분으로 인한 전력 약화와 군사정보 누설로 인한 대응 미흡으로 나당연합군을 끝내 막지 못했다.

668년 10월 21일

고구려 평양성, 나당연합군에 의해 함락.

"적(敵)이 군사를 놓아 들여보내 성 위에 올라가서 북을 두들기고, 성의 문루에 불을 지르니 사방에서 불길이 일었다. 이에 남건은 다급한 나머지 자해했으나, 죽지 못했다. 11월에 평양성을 함락시키고, 고장과 남건 등을 사로잡았다."《구당서》〈동이열전〉

668년 10월 22일

신라 문무왕, 전후 논공행상을 정리.

"아술牙述의 사찬 구율求律은 사천전투에서 다리 아래로 내려가 물을 건너 적군과 싸워 크게 이겼으나 명령을 받지 않고 스스로 위험한 곳에 들어갔기 때문에 첫째가는 공을 세웠지만 봉록을 주지 않았다. 그는 분하고 한스럽게 생각하고 목을 매어 죽으려고 했으나, 주위 사람들이 구해 죽지 못했다."《삼국사기》〈신라본기〉

666년 12월 당 고종은 이적을 요동도행군遼東道行軍 대총관大摠管 겸 안무대사按撫大使로 삼고 고구려 공격 준비에 박차를 가했다. 이적이 이끄는 당군은 667년 9월 요하 방어선의 거점성이었던 신성新城을 점령하고 고구려 내륙으로 밀려들었다. 668년 2월에는 부여성마저 함락되면서 고구려에는 위기감이 고조되었다.

당 고종은 고구려의 저력을 잘 알고 있었기 때문에 안심할 수 없었다. 시어사侍御史 가언충이 요동의 정세를 파악하고 돌아왔다. 당 고종이 군의 형세가 어떠한지 물었다. 가언충은 반드시 이긴다고 답했다.

지금 남생 형제가 서로 싸워 우리 향도嚮導가 되어 고구려의 정황을 우리가 모두 알게 되었으며, 장수는 충성스럽고 군사는 힘을 다하니 신이 반드시 이긴다고 하는 것입니다. 또한 고구려 비기祕記에 말하기를 '900년에 미치지 못해 마땅히 80의 대장에게 멸망할 것이다'라고 했는데, 고씨高氏가 한대漢代부터 나라를 세워 지금 900년이요, 이적의 나이가 80입니다.

668년 4월 혜성이 필畢과 묘昴 사이에 나타났다. 당의 재상 허경종은 "혜성이 동북쪽에 나타난 것은 고구려가 장차 멸망할 징조다"라고 했다. 혜성이 나타난 필과 묘는 별자리의 방향을 나타낸다. 별자리는 28숙宿으로 구분되는데,《사기史記》〈천관서天官書〉이후 28숙 별

자리가 중국인들이 하늘을 이해하는 데 기본 틀이 되었다. 혜성은 군주에게 우환이 생기거나 변란이 발생하는 것으로 해석되었다.

당과 보조를 맞춰 신라도 군사를 동원했다. 668년 6월 신라는 김유신을 대당大幢 대총관大摠管으로 삼고, 28인의 장수를 임명했다. 당시 신라의 장군은 1,500명 내외를 인솔했다. 장수 28명을 기준으로 보면 동원한 병력은 약 4만여 명이다. 여기에 치중병(보급병) 30퍼센트를 더하면 약 5만여 명이 동원된 것으로 추산된다.

668년 7월 무렵에는 신라군과 당군이 평양성 일대에서 합류했다. 나당연합군이 한 달 넘게 평양성을 포위하자, 연개소문의 셋째 아들 남산이 백기를 들고 이적에게 항복했다. 둘째 아들 남건이 성문을 굳게 닫고 항거했지만 역부족이었다. 결국 668년 9월 21일 평양성이 나당연합군에 의해 함락되었다. 이로써 백제에 이어 고구려도 역사에서 사라졌다. 당의 장수 이적은 고구려 보장왕과 왕자들 그리고 대신들을 포로로 삼아 당으로 끌고 갔다. 이때 끌려간 인원이 20여 만에 달했다.

고구려 멸망 이후 신라의 논공행상

고구려가 멸망하자 신라는 10월 22일 전후 포상을 실시했다. 총사령관인 대각간大角干 김유신은 '태대각간太大角干'이 되었으며, 문무왕의 아우인 김인문은 대각간이 되었다. 이찬伊飡(2등급) 이상의 장군들은

모두 각간角干(1등급)에 임명되었고, 소판蘇判(4등급) 이하도 모두 일등
급씩 특진했다.

이외 공로자들에 대한 포상도 차등 있게 이어졌다. 대당大幢 소감少
監 본득, 한산주漢山州 소감 박경한, 흑악령黑嶽令 선극 세 명은 일길찬一
吉湌(7등급)에 임명되었고 벼 천 석을 하사받았다. 본득은 사천蛇川전투
에서 제일공로자였고, 박경한은 평양성 안에서 군주軍主 술탈을 죽였
으며, 선극은 평양성 대문大門전투에서 제일공로자였다. 원래 소감이
12~17등급임을 감안하면, 이들이 일길찬(7등급)에 임명된 것은 파격
이었다.

서당誓幢 당주幢主 김둔산은 평양 군영軍營전투에서 활약해 사찬沙湌
(8등급)에 임명되었고 벼 700석을 하사받았다. 한산주 출신의 군사軍
師 북거는 평양성 북문北門전투에서 활약해 술간述干(8등급)에 임명되
었고 조 천 석을 하사받았다. 평강 출신의 군사軍師 구기는 평양 남교
南橋전투에서 활약해 술간述干에 임명되었고 조 700석을 하사받았다.
비열홀 출신의 가군사假軍師 세활은 평양 소성小城전투에서 활약해 고
간高干(9등급)에 임명되었고 조 500석을 하사받았다.

공로자들에 대한 포상은 철저히 구분되어 진행되었다. 관위 임명
은 경위京位와 외위外位로 구분되었고, 곡식 하사도 벼와 조로 나누어
지급되었다. 본득, 박경한, 선극, 김둔산 등은 경위와 벼를 하사받았
지만 북거, 구기, 세활은 외위와 조를 받았다. 그리고 전사자에 대한
추증도 이뤄졌다. 사천전투에서 사망한 한산주 소감 김상경을 일길
찬으로 추증하고 벼 천 석을 하사했다.

이러한 전후 포상 양상을 통해 신라가 고구려 멸망전에서 어떠한 전투를 치렀는지 짐작해볼 수 있다. 평양성을 기준으로 보자. 평양성에 이르는 길목에서 벌어진 사천전투, 평양성 밖의 군영에서 벌어진 전투, 평양성 남쪽 다리에서 벌어진 전투, 평양성과 연계된 작은 성에서 벌어진 전투, 평양성 자체의 대문과 북문에서 벌어진 전투, 평양성 내부에서 벌어진 전투 등이 있었음을 알 수 있다.

현재 이들의 구체적인 위치는 알 수 없다. 하지만 평양성 안팎에서 치열하게 전투가 벌어졌던 사실은 분명하다. 특히 처음과 마지막에 언급되고 있는 사천전투가 신라로서는 가장 중요한 장소였던 것으로 보인다. 사천은 일반적으로 평양 인근의 보통강 내지는 합장강으로 비정되고 있다. 사천전투에서 나당연합군이 승리를 거두자 평양성의 사기가 급격히 떨어지고 전투 의지가 약화되었던 것 같다. 당시 상황을《삼국사기》는 다음과 같이 기록하고 있다.

번蕃, 한漢의 모든 군사가 사수蛇水에 총 집결하니, 남건이 군사를 내어 일전을 벌이려 했다. 신라의 병마가 홀로 선봉이 되어 먼저 대진을 깨트리니 평양성 안은 예봉이 꺾이고 기운이 사그라졌다. 이후 영공英公이 다시 신라의 날랜 기병 500명을 이끌고 먼저 성문으로 처들어가 드디어 평양을 깨트려 대공大功을 이루게 된 것이다.

사수蛇水와 사천蛇川을 구분하는 견해도 있지만, 일반적으로 평양

김인문 묘지명과 탁본. 김인문은 아버지인 무열왕과 외삼촌인 김유신을 도와 백제와 고구려 정벌에 공을 세워 대각간을 제수받았으며, 통일 이후에는 당에 들어가 신라와 당 간의 갈등을 중재하는 데 힘썼다. 695년경. 경주시 서악동.

성 인근에 위치한 동일한 하천으로 보고 있다. 영공은 당의 장수 이적을 이르는 말이다. 당시 나당연합군이 사천 일대에 집결하고 이에 맞서 고구려도 적극적으로 대응했다. 고구려는 남건의 지휘 아래 대군을 거느리고 평양성을 나와 야지野地에 진영을 편성했다. 두 세력이 대치한 경계가 바로 사천이었다.

이때 신라군이 먼저 사천을 건너 고구려군의 진영을 공격해 승리를 거뒀다. 고구려의 대군이 나당연합군에 패하자 평양성 내부는 동요했고, 결국 함락되고 말았다. 사천전투가 고구려 멸망전에서 가장 결정적 장소가 되었던 것이다.

논공행상 이후, 당과의 결전 준비

고구려 원정에 참여한 신라 귀족들은 모두 일계급 특진을 했다. 이외에도 수많은 전후 포상이 이루어졌다. 하지만 한 사람은 눈물을 흘렸다. 모두 포상의 기쁨을 누리고 있을 때 그는 자살을 시도했다. 목매어 자결하려 했으나 옆에 있던 사람의 구조로 죽지 못했다.

평양성전투 직전, 사천을 사이에 두고 나당연합군과 고구려군이 대치했다. 고구려군도 사활을 걸고 진영을 편성했다. 이때 구율은 과감하게 다리 밑으로 강을 건너 고구려군을 기습했다. 구율의 공격으로 승기를 잡은 나당연합군이 크게 이겼다. 이 사천전투를 지켜보던 평양성의 사기는 급격히 떨어졌다. 다시 말해 구율의 기습 공격이 평양성 함락에 결정적 역할을 한 셈이다.

　하지만 구율은 상부의 명령 없이 독단적으로 공격했다는 이유로 아무런 포상을 받지 못했다. 이것이 분하고 한스러워 자살을 시도한 것이다. 개인적으로는 아쉽지만, 군령軍令의 엄격함을 잘 보여주는 대목이기도 하다.

　신라는 고구려 멸망 이후 논공행상을 통해 포상을 실시했지만, 마냥 축배를 들 수는 없었다. 고구려가 무너지자 당이 본색을 드러냈다. 시시각각 다가오는 당이라는 대제국의 압박에 신라는 어떤 식으로든 대응해야만 했다. 축제를 유보한 신라에게는 두 가지 선택지가 있었다. 하나는 당의 지배질서에 흡수되는 것이고, 다른 하나는 당에 반기를 들고 맞서는 것이었다. 신라의 선택은 후자였다.

나당전쟁 이후,

진 정 한 한 국 사 의 시 작

백제와 고구려가 멸망하자 나당관계는 급속히 악화되었다. 당은 옛 백제 지역에 웅진도독부熊津都督府를 설치했고, 옛 고구려 지역에는 안동도호부安東都護府를 설치했다. 이로써 신라 입장에서 볼 때에는 백제와 고구려 멸망 이전보다 더 위험한 상황이 연출되었다. 최강대국 당과 국경을 직접 맞대게 되었기 때문이다. 당은 한반도 전체에 당 중심의 지배질서를 관철하고자 신라를 압박해왔다. 반면 신라는 백제와 고구려 유민들을 포섭해 나가면서 당의 지배질서에 반기를 들었다.

나당전쟁은 신라와 당이 한반도의 지배권을 두고 670년부터 676년까지 7년간 벌인 전쟁이다. 670년 오골성전투를 시작으로 672년 석문전투를 거쳐, 675년 매소성전투와 676년 기벌포전투를 끝으로 치열하게 전개된 당과 신라 간의 전쟁은 신라의 승리로 끝난다.

670년 3월

신라, 요동의 오골성을 선제공격. 나당전쟁 발발.

"여름 4월 4일에 맞서 싸워 우리 군사가 크게 이겨 목 베어 죽인 수가 헤아릴 수가 없었다. 그럼에도 당군이 계속 이르러 우리는 물러나 백성을 지켰다." 《삼국사기》〈신라본기〉

676년 11월

신라, 철수하는 당군을 기벌포에서 추격. 당, 웅진도독부를 요동으로 철수.

"겨울 11월에 사찬 시득이 수군을 거느리고 설인귀와 더불어 기벌포에서 겨뤄 처음에는 패배했으나 다시 진군해 스물두 번의 싸움에서 이기고 4,000여 당군의 목을 취했다." 《삼국사기》〈신라본기〉

670년 3월, 2만 병력이 전격적으로 압록강을 건넜다. 목표는 오골성烏骨城, 옛 고구려의 군사 요충지로서 오늘날 중국 요녕성遼寧城 봉성진鳳城鎭이다. 요동은 신라가 건국된 이래 한 번도 밟아보지 못한 땅이었다. 신라의 설오유薛烏儒 장군과 고구려 부흥군의 고연무高延武 장군이 각각 만 명씩 거느리고 요동을 선제공격했다.

이 전격작전으로 나당전쟁이 시작되었다. 앞서 나당연합군이 백제와 고구려를 차례로 멸망시킨 상황에서 당은 신라의 기습공격을 받게 되었다. 고구려 멸망 이후 동아시아의 패권을 장악했다고 믿고 있던 당에게는 충격이었다. 신라는 왜 최강대국 당을 공격한 것일까?

신라가 나당전쟁의 포문을 열기까지는 오랜 시간이 필요했다. 신라는 고구려가 멸망한 668년 이후부터 669년까지 집중적으로 전쟁을 준비했다. 대사면을 내려 민심을 수습하고, 전국 170여 곳의 목장을 재분배해 기병을 강화했다. 요동 공격군을 편성하고, 고구려 부흥군과 연합을 모색했다. 요동 공격군의 장수는 비非진골 출신의 설오유가 임명되었으며, 주력 병력은 고구려 멸망 당시 포로로 삼았던 고구려 군사들로 채워졌다. 요동 공격을 위해 이 지역의 지리와 정세를 잘 아는 특수부대가 편성된 것이다.

당시 상황을 《삼국사기》는 다음과 같이 기록하고 있다.

670년 3월에 사찬 설오유가 고구려 부흥군 고연무와 함께 각

각 정병 만 명을 거느리고 압록강을 건너 옥골에 이르렀다. 4월
4일에 말갈과 싸워 크게 이겼으며 목 벤 자가 셀 수 없이 많았
다. 당의 군사들이 계속 도착하자 물러나 백성白城을 지켰다.

일제강점기 일본의 역사학자 이케우치 히로시池內宏는 《삼국사기》
의 기록을 부정했다. 2만 병력이 황해도와 평안도를 지나 압록강을
건너는 것은 불가능하며, 이들이 건넌 강은 압록강이 아니라 대동강
이라고 봤다. 하지만 당시 설오유 장군과 고연무 장군이 건넌 강은
분명 '압록강'으로 표기되어 있다. 2만 병력이 향한 '옥골屋骨'은 바로
오골성烏骨城이다. 일본의 학자들은 신라군의 활동을 의도적으로 축
소 왜곡했고, 신라의 요동 선제공격은 크게 주목받지 못했다.

신라는 요동의 오골성(봉황성)을 선제공격해 나당전쟁의 주도권을
차지했다. 당의 이목은 모두 요동으로 쏠렸다. 이때 남쪽에서는 진골
귀족이 이끄는 신라 주력군이 움직였다. 이들이 향한 곳은 웅진도독
부가 설치된 옛 백제 지역이었다. 670년 7월, 신라는 일시에 웅진도
독부의 82성을 함락시켜 영토 대부분을 장악하고, 이듬해에는 소부
리주所夫里州를 설치해 영역화했다. 이제 옛 백제 지역은 신라의 손아
귀로 들어왔다.

신라의 요동 선제공격은 신의 한 수였다. 당은 북쪽 옛 고구려 지
역에 신경 쓰느라 남쪽 옛 백제 지역을 돌아볼 겨를이 없었다. 신라
는 이 틈을 노려 전격적으로 웅진도독부를 차지했다. 원래 신라가 당
과 전면전을 치르기 위해서는 북쪽의 안동도호부, 서쪽의 웅진도독

부를 모두 감당해야만 했다. 이 상황에서 특수부대로 요동을 공격해 당의 이목을 돌린 후, 주력부대로 웅진도독부를 전격적으로 장악했다. 이제 신라 서쪽의 방어전면이 사라져 버렸다. 신라는 서쪽 방어전면을 지키던 병력까지 북쪽으로 전환시켜, 당군의 남하에 대비할 수 있었다. 만약 신라의 웅진도독부에 대한 점령이 늦어지고 당군의 병력이 증원되었다면, 신라의 나당전쟁 승리는 장담하기 어려웠다.

김춘추의 외교전, 나당동맹의 성립

모든 것은 백제와의 전쟁에서 비롯되었다. 642년, 백제 의자왕은 신라 서부의 40여 개 성을 공략했다. 신라 선덕여왕 때의 일이다. 대야성(오늘날 경남 합천)이 백제에 넘어가면서 신라는 위기에 빠졌다. 이 지역은 대부분 옛 가야권역으로 신라 영토 4분의 1에 해당했다. 대야성에서 동쪽으로 낙동강을 건너면 달구벌(오늘날 대구)과 서라벌(오늘날 경주)이 코앞이었다. 백제의 대야성 함락은 신라 조정을 발칵 뒤집어 놓았다. 신라는 비상사태를 선포하고 국가적 위기를 극복하기 위해 총력을 기울였다. 가장 적극적으로 나선 인물은 김춘추였다. 백제의 공격은 김춘추와 김유신을 중심으로 하는 신귀족 세력의 사활이 걸린 문제였다.

　김춘추는 고구려에 구원을 요청하고자 했다. 고구려로 가기 전 김유신과 마지막 대화를 나눴다. "나는 공과 일심동체로 나라에서 가장 신뢰받는 신하가 되었소. 지금 내가 만일 고구려에 들어가 해를 당한다면 공은 어떻게 하겠소?" 김유신이 답했다. "공이 만일 가서 돌아오지 않는다면 나의 말발굽이 반드시 고구려와 백제 두 임금의 앞마당을 짓밟을 것이오." 김춘추가 감격해 자신의 손가락을 깨물었다. 김유신도 손가락을 깨물어 피를 냈다. 술잔에 피를 떨어뜨려 서로 나눠 마셨다. 당시 김춘추의 상황이 얼마나 절박했는지 잘 보여주는 일화다.

고구려의 집권자는 연개소문이었다. 연개소문은 죽령(소백산맥) 이북의 땅을 고구려에 넘겨주면 신라를 지원하겠다고 했다. 김춘추와 연개소문 사이에 치열한 외교 신경전이 벌어졌다. 결국 협상은 결렬되었고 김춘추는 감옥에 갇혔으나 '별주부전'의 일화를 일러준 선도해先道解의 도움으로 고구려를 빠져나올 수 있었다. 용왕에게 달콤한 제안을 건네 위기에서 벗어나는 토끼의 기지에서 신라로 돌아갈 수 있는 방도를 떠올린 것이다. 김춘추는 연개소문에게 다음과 같이 제안했다. "한강 유역은 원래 고구려 땅입니다. 제가 귀국하면 고구려에 돌려주도록 청하겠습니다." 물론 신라는 김춘추가 귀국한 후에도 죽령 이북 땅을 고구려에 돌려주지 않았다.

647년, 김춘추는 왜로 건너갔다. 우리 역사서에는 없지만 《일본서기》에는 다음과 같이 짤막하게 묘사되어 있다. "김춘추의 용모와 자태가 수려하고 화술에 능하다." 《일본서기》의 신라관에 비춰보면 이례적인 호평이라 할 수 있다. 그만큼 김춘추가 왜의 지배층에게 강한 인상을 남겼다는 증거이기도 하다. 당시 김춘추가 왜에서 어떠한 행적을 남겼는지 구체적으로 알 수는 없다. 다만 친백제 성향의 왜가 신라 입장에 흔쾌히 동조했을 가능성은 희박하다.

648년, 김춘추는 다시 당으로 건너갔다. 앞서 당은 645년 고구려 원정에 실패한 경험이 있었다. 이후 소규모 군사를 동원해 고구려에 자주 침입하면서 소모전을 전개하던 중이었다. 이 같은 상황에서 고구려 내부 사정을 잘 알고 있던 김춘추는 당에게 꼭 필요한 존재였다. 당 태종은 김춘추와의 만남을 통해 당시 동아시아의 국제정세와 앞으로의 변화에 대해 서로 의견을 나눴다. 김춘추가 당으로 건너갈 당시 신라와 당의 관계는 상당히 호전되어 있었지만, 추구하는 목적은 서로 달랐다. 당시 신라의 주된 대외정책 방향은 백제의 공격과 위협에서 벗어나는 것이었던 데 반해, 당은 고구려의 멸망을 바라고 있었다. 신라와 당은 서로의 입장 차이를 좁히고 합의점을 도출해야만 했다.

협상 결과, 일단 신라와 당이 한반도 문제에 서로 힘을 합치는 방향으로 마무리되었다. 다음으로 신라가 백제를 공격할 때에는 당이 지원하고, 당이 고구려를 공격할 때에는 신라가 후원하는 방식으로 얘기가 진행되었다. 나아가 백제와 고구려 멸망 후의 상황까지 논의되었다. 영토의 경우 대동강을 기준으로 이북은 당이 차지하고, 이남은 신라가 영유하기로 합의했다. 각각 백제와 고구려라는 상대에 대한 전략적 이해관계가 맞아떨어졌다. 마침내 나당동맹이 체결되었다.

신라는 당과 함께 660년에 백제를 멸망시키고 668년에 고구려를 멸망시켰다. 백제와 고구려가 멸망하자 나당동맹은 곧바로 와해되었다. 한반도의 주도권을 두고 신라와 당이 대립했기 때문이다. 당은 백제와 고구려를 멸망시키는 과정에서 신라를 철저히 무시했다. 당 정부는 당군의 장수로 신라인을 임명한 다음 신라 왕에게 일방적으로 통보했다. 신라에서 병력을 임의대로 징발해 당군에 편입시키기도 했다. 또한 전투 과정에서는 신라 왕에게 정보 전달을 제대로 하지 않았고, 전투계획 수립은 당군이 전담했다. 나당동맹이라는 말이 무색할 정도로 평등관계는 종속관계로 이행되고 있었다.

신라는 백제와 고구려 멸망 과정에서 결정적인 역할을 담당했다. 그럼에도 불구하고 영토 확장과 같은 구체적인 실익은 아무것도 없었다. 648년 당 태종과 신라 김춘추가 나당동맹을 맺을 때, 당은 고구려가 멸망하고 나면 대동강 이남의 땅을 신라에게 넘겨준다고 약속했었다. 하지만 당은 약속을 지키지 않았고, 신라의 불만은 점점 누적되었다.

한반도에서 백제와 고구려가 사라지고 난 다음 당이라는 거대제국의 위압감이 홀로 남은 신라를 옥죄어 왔다. 신라는 당의 속국으로 전락하느냐 아니면 맞서 싸우느냐 선택의 기로에 섰다. 결국 신라는 당과의 전쟁을 고려하게 된다. 이를 위해서는 정확한 국내외 정세판단과 과감한 결단 그리고 치밀한 준비가 필요했다. 준비를 마친 '약

소국' 신라는 최강대국 당과의 전쟁을 시작했다. 그리고 7년간 이어진 전쟁에서 승리하며 한반도에서의 장악력을 지켜냈다.

백제와 고구려를 멸망시킨 데 이어 676년 나당전쟁에서까지 승리하면서 신라는 한반도를 장악한 유일한 국가가 되었다. 통일신라의 기반 위에 후삼국이 정립되었고, 이후 후삼국을 통일한 고려가 등장했으며, 고려는 다시 조선으로 이어져 오늘에 이르고 있다. 한국사의 범위가 한반도로 국한되었다고 비판받기도 하지만, 신라가 이룩한 삼국 통일과 나당전쟁에서의 승리가 오늘날 한국의 터전과 기반을 마련한 점은 부인할 수 없다.

김흠돌의 난 이후, ─────────────────────────────

신 라 의   전 성 기

681년 소판蘇判 김흠돌이 파진찬波珍湌 흥원과 대아찬大阿湌
진공 등과 함께 모반을 꾀했다. 김흠돌은 삼국통일 전쟁에
참전했으며, 신문왕의 장인이기도 했다. 김흠돌이 왜 반란
을 도모했는지는 명확하지 않지만, 대체로 문무왕과 신문왕
의 왕권강화 과정에 그 원인이 있는 것으로 파악된다. 김흠
돌의 난으로 그의 딸은 왕궁에서 쫓겨났으며 연루된 귀족들
이 대대적으로 숙청됐다.

앞서 나당연합군에 의해 660년 백제가 멸망하고 668년 고
구려도 멸망했다. 곧 이어 676년 신라와 당이 전쟁을 벌여
신라가 승리하면서 삼국 통일이 이뤄졌다. 문무왕이 삼국을
통일했고, 그 아들 신문왕이 체제를 정비하면서 신라는 더
욱 번성했다. 특히 신문왕은 자신의 장인이었던 김흠돌이
일으킨 반란을 진압하면서 강력한 왕권체제를 확립했다.

686년 8월 8일

신라, 소판 김흠돌 일당을 반역으로 처형.

"과인이 보잘것없고 박덕한 몸으로 높은 왕업을 이어받아 지키느라 끼니마저 거르고 새벽
에 일어나 밤늦게 자리에 들면서 여러 중신들과 함께 나라를 평안하게 하고자 했더니, 어
찌 상중에 수도에서 반란이 일어날 줄을 생각이나 하였겠는가!" 《삼국사기》 〈신라본기〉

721년 7월

신라 성덕왕, 하슬라도에서 장정 2,000명을 징발해 북쪽 경계에 장성 축조.

"대왕의 수명이 산하 같고 지위가 알천과 같기를, 천대의 후손들이 구족하며 칠보의 상서
로움이 드러나기를 바랍니다." 황복사 〈금동사리함명〉 가운데.

김흠돌의 난을 진압한 신문왕대는 '전제왕권'이라 불릴 정도로 왕권
이 강했던 시기로 평가받는다. 신문왕은 전국을 9주 5소경으로 재편
해 국가 장악력을 강화하고, 녹읍을 폐지하는 대신 관료전을 지급해
귀족들의 세력을 약화시켰다. 그러나 신문왕이 재위에서 물러나면
서 국왕권은 위협받게 된다. 신문왕의 맏아들로서 뒤를 이은 효소왕
이 후사 없이 일찍 세상을 떠났기 때문이다.

성덕왕은 신문왕의 둘째아들로 태어났다. 702년 친형인 효소왕
이 아들 없이 사망하자 그 뒤를 이어 왕위에 올랐다. 성덕왕 시기
(702~737)는 신라의 '태평성대'라 불린다. 성덕왕은 36년간 왕위에
있으면서 전제왕권을 안정시킨 인물로 평가된다. 그런데 성덕왕 시
기는 재해와 이변이 잦았다.

사료에 기록되는 재이災異에는 지진, 가뭄, 홍수, 우박, 대설, 흉년,
기근, 황충蝗蟲(메뚜기), 성변星變, 수변樹變, 화재, 벼락, 대풍大風 등이 있
다. 재해는 자연의 재앙으로 인해 인간이 받는 피해를 뜻하며, 이변
은 자연에서 발생하는 괴이한 변고를 의미한다.

고대 사회는 재생산 기반이나 자립도가 낮았기 때문에 재해가 발
생하면 타격을 크게 입었다. 특히 농사를 짓던 대부분의 백성들에게
재해란 그야말로 '직격탄'이었다. 그 강도가 크고 오래 지속될 경우
왕조나 왕국이 붕괴되는 계기가 되기도 했다. 한편 이변의 경우 백성
들에게 심적 동요를 유발시켜 사회적 혼란을 일으키는 한 요인이 되

기도 했다. 하지만 국왕을 중심으로 하는 지배층의 잘못을 하늘이 경고한다는 의미가 강했기 때문에, 상대적으로 백성들보다는 지배층에 미치는 영향이 컸다.

《삼국사기》를 분석한 연구에 따르면 신라에서 재이는 총 584회 발생한 것으로 나타난다. 8~9세기가 240회로 가장 많았고, 그 가운데 성덕왕, 효성왕, 경덕왕, 혜공왕 시기가 108회로 가장 빈번했다. 재이 발생 빈도는 성덕왕 43회, 효성왕 8회, 경덕왕 28회, 혜공왕 28회다. 재위 기간이 가장 길었던 점을 감안하더라도 성덕왕 시기의 재이 빈도는 주목할 만하다.

위기를 극복한 조치들

《삼국사기》에는 성덕왕 재위 초반 상황을 다음과 같이 전하고 있다.

성덕왕 4년 5월에 가뭄이 들었다. 10월에 나라 동쪽 주군州郡에 기근이 들어 많은 사람들이 유랑하게 되어 사신을 파견해 진휼했다. 성덕왕 5년 1월에 나라 안에 기근이 들어 창고를 열어 진휼했다. 이 해에 곡식이 제대로 익지 않았다. 성덕왕 6년 1월에 많은 백성들이 굶어 죽자 한 사람에게 하루에 3되(승升)씩 곡식을 나눠주기를 7월까지 계속했다. 백성들에게 오곡의 종자를 차등 있게 하사했다.

전쟁 이후의 한국사

기록을 통해 성덕왕 4년(705)에서 6년(707)까지 신라에서 가뭄과 기근이 극심했음을 알 수 있다. 성덕왕 4년에 가뭄으로 인해 기근이 발생하고 이로 인해 유랑자가 급격히 늘어났다. 5년에는 기근이 들어 창고를 열어 진휼했지만, 이 해 수확도 시원치 않았다. 그러자 6년에는 많은 백성들이 굶어죽기 시작했다. 결국 신라 정부에서는 개인에게 3되씩 무려 6개월 이상 진휼을 시행했고, 부족한 곡식의 종자까지 지급할 수밖에 없었다.

이러한 상황은 바로 호전되지 않았다. 2년 뒤인 성덕왕 8년(709)에도 가뭄이 들었으며, 성덕왕 10년(711)에는 대설이 내려 다시 농사에 큰 피해를 입혔다. 이 기간 동안 성덕왕은 창고를 열어 적극적으로 가뭄과 기근에 대응했다. 물론 민심을 수습하고자 함이었다.

또 성덕왕은 13회나 사면령을 내렸는데 이는 신라 중대 왕들 가운데 가장 잦았다. 다른 왕들의 경우에는 태종무열왕 1회, 문무왕 1회, 신문왕 2회, 효소왕 1회, 효성왕 1회, 경덕왕 2회, 혜공왕 2회다. 성덕왕의 재위 기간이 상대적으로 길긴 하지만, 그것을 감안하더라도 다른 왕들에 비해 비정상적으로 사면령을 많이 내린 것은 분명하다.

원래 사면은 천인감응론天人感應論에 의거해 재이를 하늘의 질책으로 보고 대응하던 의례적 수단이다. 과도한 형벌이 재이를 불러일으킨다고 여겨, 왕은 억울하게 옥에 갇힌 자를 심리해 석방하는 조치를 취하고 민심을 수습하고자 했던 것이다. 재이에 대한 성덕왕의 적극적인 대응으로 위기를 넘기자, 정국 운영에 변화가 나타나기 시작했다.

성덕대왕 신종. 경덕왕이 아버지인 성덕왕의 공덕을 기리기 위해 제작을 명해
다시 그의 아들인 혜공왕이 즉위한 771년 완성되었다. 국보 29호.

성덕왕 10년 왕이 백관잠百官箴을 지어 여러 신하들에게 보여줬다. 13년 상문사詳文司를 통문박사通文博士로 고쳐 표문表文 쓰는 일을 관장하게 했다. 16년 의박사醫博士, 산박사算博士를 각각 한 명씩 뒀다. 17년 처음으로 물시계(누각漏刻)을 만들었다. 21년 처음으로 백성들에게 정전丁田을 나눠줬다.

백관잠은 구체적인 내용을 알 수 없지만, 왕이 신하들에게 경계할 일을 적은 것으로 추정된다. 관료제를 정비하면서 상문사를 통문박사로 바꿔 외교문서 작성을 전담케 했다. 또 의박사와 산박사를 설치해 재해에 실질적으로 대응할 수 있게 했다. 물시계를 만든 것도 재해에 대응하기 위함이다. 정전은 농민이나 가난한 이들에게 실제 토지를 지급한 것으로 파악된다. 앞서 시행되었던 대규모 구휼미 분배나 종자 지급과는 대조적인 모습이다.

태평성대로 마무리된 성덕왕의 치세

성덕왕 13년(714)부터는 대규모 토목 공사가 시작되었다. 개성과 한산주(오늘날 경기도)에 축성해 서북쪽의 방어를 강화했고, 하슬라도(오늘날 강릉)에 축성해 동북쪽을 강화했다. 그리고 모벌군에 축성해 경주 남쪽으로 침입할지 모르는 일본에 대한 방어를 강화했다. 이러한 대규모 사업은 강력한 왕권이 뒷받침되어야 가능하다. 물론 백성들이 재해로 생존에 위협을 느끼는 상황에서는 불가능한 일이다.

성덕왕 13년에 개성開城을 쌓았다. 17년에 한산주 도독 관할 안에 여러 성을 쌓았다. 20년에 하슬라도의 정인丁人 2,000명을 동원해 북쪽 경계에 장성長城을 쌓았다. 21년에는 모벌군에 성을 쌓아 일본의 침입로를 막았다.

성덕왕은 외교 분야에서도 도드라졌다. 성덕왕은 재위 36년 동안 총 46회의 견당사遣唐使를 파견했다. 평균을 내보면 연 1.3회 파견으로 역대 신라 왕들 가운데 가장 높은 빈도다. 성덕왕은 왕권이 안정되지 못한 즉위 초기부터 꾸준히 견당사를 보냈는데, 이것이 신라에 대한 당의 인식을 변화시키는 데 큰 영향을 미쳤을 것이라 짐작된다. 결국 성덕왕 34년(735)에는 패강浿江 즉 대동강 이남의 영토를 당으로부터 공인받게 되었다. 그 이전부터 신라가 패강 일대에 영향력을 확대하고 있었겠지만, 공식적으로 인정받게 된 것은 이때가 처음이다.

성덕왕 시기에는 빈번하게 견당사가 파견되었고, 많은 유학생과 유학승들이 당에서 활동하면서 인적 교류가 활발해졌다. 신라 조정의 친당정책과 당 문물의 적극적 수용 등으로 당과의 관계는 밀접해졌다. 성덕왕은 즉위 초 수없이 발생한 자연재해를 극복하고, 점차 왕권을 안정시켜 왕도정치를 실현했다.

737년 성덕왕이 사망하자, 이거사利車寺 남쪽에 능이 마련되었다. 《삼국유사》에는 동촌東村 남쪽의 양장곡楊長谷에 왕릉이 있다고 나와 있다. 771년에는 성덕왕을 기리기 위해 '성덕대왕 신종'이 완성되었다. 흔히 에밀레종이라 불리는 종이다.

당 현종은 조서詔書를 내려 태자태보太子太保로 추증하고 좌찬선대부左贊善大夫 형숙邢璹을 조제사弔祭使로 삼아 신라에 파견했다. 형숙은 당시 당 조정에서 손꼽히던 학자였다. 당 현종은 성덕왕의 아들로 하여금 '개부의동삼사開府儀同三司 신라왕新羅王'을 잇도록 했다. 또 형숙이 길을 떠날 때에 황제가 송별시를 지어 그 서문을 쓰고 태자 이하 모든 관원들에게 시를 지어 전송케 했다.《구당서舊唐書》에는 당 황제가 형숙에게 다음과 같이 말했다고 전한다.

신라는 군자의 나라로 불리며 자못 학문을 알아 중화와 비슷하다. 경의 학술이 강론에 뛰어나므로 이번 사신으로 선발해 보내는 것이니, 그 나라에 가서 경전을 명백히 드러내어 대국의 유교가 성대함을 알게 하라.

성덕왕은 어수선한 상황에서 어린 나이에 즉위했다. 그러나 이 모든 불리함들을 딛고 신라 역사상 손 꼽힐 정도의 정치적 안정과 번영을 이뤄냈다. 후대인들 또한 그의 재위 시기를 재해가 빈번했던 암흑기보다는 신라의 번영기로 기억한다. 성덕왕은 36년이라는 긴 재위 기간 동안 제도의 정비와 문물의 발달을 이뤘고, 자연재해를 효과적으로 극복하는 동시에 대외교류도 활발히 진행했다. 위기를 다스려 치세를 이룩한 그의 나라를 일컬어 당은 '군자국'이라고 칭했다.

혜공왕 피살 이후,

무 오 병 법 의   탄 생

신라의 역사는 상대, 중대, 하대로 구분해볼 수 있다. 신라 중대는 29대 태종무열왕부터 36대 혜공왕까지다 (654~780). 신라 중대는 태종무열왕계가 왕통을 이어나가던 시기로 혜공왕을 끝으로 다시 내물왕계가 왕통을 잇게 된다. 신라 중대는 왕권이 강한 시기였지만, 혜공왕이 피살된 이후 왕위 계승 분쟁이 격화되고 중앙 집권력은 약화되고 만다.

혜공왕은 758년 출생해 760년 태자로 책봉되었고 765년 경덕왕이 사망하자 왕위에 올랐다. 즉위 당시 8세에 불과해 모후인 만월부인滿月夫人 김씨가 섭정을 했다. 왕권 기반이 약했고 귀족들의 반발과 반란이 잇따르면서 정국은 혼란했다. 결국 혜공왕은 780년 김지정이 반란을 일으켜 궁궐을 장악하는 과정에서 살해되고 만다. 신라 국왕이 신하의 반란에 피살된 최초의 사건이자 신라 하대의 혼란이 시작되는 출발점이었다.

780년 4월

신라 혜공왕, 김지정의 난에 의해 승하.

"봄 정월에 노란 안개가 끼고, 2월에는 흙비가 내렸다. 왕께서는 이른 나이에 즉위하셔 장성하자 노는 것을 절제하지 아니했다. … 왕과 왕비가 반란병에게 살해되었다. 김양상(선덕왕) 등은 왕의 시호를 혜공이라 했다." 《삼국사기》〈신라본기〉

786년 4월

신라 원성왕, 대사 무오에게 병법서 15권과 《화령도》 2권을 진상받고 굴압 현령 직을 제수.

혜공왕과 함께 등장하는 의문의 병법서

우리에게 병법이란 곧 《손자병법孫子兵法》이다. 중국의 유명한 병법서로서 시공을 뛰어넘어 전 세계적으로 병법의 상징처럼 널리 알려져 있기도 하다. 《손자병법》은 춘추전국시대 오의 손무孫武가 저술한 것으로 알려져 있다. 손무의 후손인 제의 손빈孫臏도 병법서를 썼는데 《손빈병법》이라 한다. 보통 손무와 손빈이 쓴 병법서를 아울러 《손자병법》이라 부른다. 우리나라에도 이런 고대 병법서가 있었을까?

신라 중대가 끝나고 하대가 시작되는 혼란기에 처음으로 병법서가 확인된다. 신라 혜공왕 때의 일이다. 765년 경덕왕이 사망하고 혜공왕이 즉위했다. 이때 혜공왕의 나이는 여덟 살에 불과했다. 직접 정치를 할 수 없어 어머니 만월부인이 섭정을 했다. 모후가 섭정을 하다 보니 반대하는 세력도 적지 않았다. 768년 일길찬—吉飡 대공大恭과 그 동생 아찬阿飡 대렴大廉이 반란을 일으켜 왕궁을 포위했다. 대공의 난이다. 반란은 33일 만에 진압되었고, 반란 진압에 성공한 혜공왕은 대공의 구족九族을 멸했다.

《삼국유사》 권2 〈기이〉 편에는 대공의 난을 다음과 같이 묘사하고 있다.

각간角干 대공의 집 배나무 위에 참새가 무수히 모여들었다. 《안국병법安國兵法》 하권에 따르면, 이것은 천하에 큰 병란이 있을 징조라고 했다. 이에 크게 사면하고 몸을 닦고 성찰했다. 7월 3일, 각간 대공이 반란을 일으켜 수도, 5도, 주군의 각간 96명이 서로 싸워 크게 어지러웠다. 각간 대공의 가문이 망하자 그 집안의 보물과 비단을 왕궁으로 옮겼다.

이때《안국병법》이라는 병법서가 처음 등장한다. 하지만《안국병법》과 관련된 자료는 더 이상 없다.《삼국유사》에 한 차례 언급되고《삼국사기》에도 확인되지 않는다.《안국병법》하권에 따라 반란의 징조를 확인했다고 했으므로 상권도 있었을 것으로 짐작될 뿐이다.

우리에게도 고대 병법서가 있을까?

9세기 일본에서는《일본국현재서목록日本國見在書目錄》이 정리되었다.《일본국현재서목록》은 후지와라 노스케요藤原佐世가 891년 당시 일본 내에 있던 한적漢籍, 즉 중국서적들을 정리한 목록이다. 여기에는 중국 측 기록에도 보이지 않는 서적들이 포함되어 있어 주목된다. 바로 여기에서《안국병법》을 확인할 수 있다.《일본국현재서목록》에 따르면,《안국병법》은 상, 중, 하 세 권으로 되어 있다.《안국병법》은 중국 측 병법서일 가능성이 높다.

《삼국사기》에는 786년 원성왕 시기에 대사大舍 무오武烏가 병법서 15권과《화령도花鈴圖》두 권을 바쳤다고 전한다. 왕은 무오를 굴압(오늘날 황해) 금천 현령으로 임명했다. 무오는 대사라는 관등을 소지하고 있었고, 신라 북방 변경지대의 현령으로 파견된 점에서 일반 백성이 아니라 귀족이었음을 알 수 있다. 무오가 만든 병법서는 15권이었다. 규모로 볼 때 개인이 아니라 국가에서 주관한 편찬사업이었을 것으로 여겨진다.

《무오병법》15권과 함께 등장하는《화령도》두 권도 주목된다. 병법서라고 보기는 어렵지만 군대에서 사용되는 물품임에 틀림없다. 화花와 령鈴은 신라 장수들의 위계를 상징하는 물건들이다. '화'는 장수의 깃대 위에 다는 장식이고, '령'은 방울로써 장수들마다 구분이 있었다. 오늘날 전해지지 않는《안국병법》과《무오병법》의 실체는 구체적으로 알 수 없다. 하지만《화령도》의 흔적은《삼국사기》〈직관지職官志〉에 남아 있다.

신라 장군들은 등급에 따라 깃대 위에 다는 '화花'를 달리했다. 대장군의 화는 3개로 길이가 9치(약 27.3센티미터)이고, 너비는 3치 3푼(약 10센티미터)다. 상장군은 4개로 길이가 9치 5푼(약 29센티미터), 하장군은 5개로 길이가 1자(약 30.3센티미터)다. 화의 재질은 알 수 없다. 장군의 등급이 내려갈수록 장식품의 개수가 많아지고 길이도 길어진다. 최고 사령관인 대장군의 화가 가장 적은 것은 아마 적군의 눈에 잘 띄지 않기 위함일 것이다.

신라 장교들의 '화'는 재질이 확인된다. 대감大監의 화는 호랑이 뺨가죽으로 길이 9치, 너비 2치 5푼이다. 제감弟監은 곰의 뺨가죽으로 길이 8치 5푼이다. 소감少監과 대척大尺은 수리 꼬리다. 이들이 사용한

금령총기마상 토우. 토기에 묘사된 기마무사 한 쌍의 모습을 보면 착용한 관과 의복 등으로 신분이 구분된다. 아래의 무사가 오른손에 든 방울은 신라 장교들이 부대 지휘에 사용한 령이었을 것이다. 국보 91호.

화의 재질을 보면 호랑이 뺨가죽, 곰 뺨가죽, 수리 꼬리다. 신라인들이 호랑이, 곰, 수리를 용맹한 짐승으로 여겼음을 알 수 있다. 이외 여러 장교들도 화가 정해져 있었는데 호랑이 이마가죽, 호랑이 꼬리가죽, 곰 가슴가죽, 곰 앞다리가죽 등이 사용되었다.

신라 장군들은 '령鈴'에 대한 규정이 없었지만, 장교들은 있었다. 대감의 방울은 황금 재질로 둘레가 1자 2치(약 36센티미터), 제감은 백은으로 둘레가 9치, 소감은 백동으로 둘레가 6치, 대척은 철로 둘레가 2치였다. 방울의 재질은 황금, 백은, 백동, 철 등 금속의 종류에 따라 위계가 달랐다. 장교들이 장군과 달리 '령'이라는 방울을 사용한 까닭은 직접 부대를 지휘하고 인솔했기 때문인 것으로 보인다. 병사들의 주의를 끌 필요가 있었기 때문이다.

군이란 오와 열을 맞추는 집단이다

《삼국사기》 범군호凡軍號에는 통일기 신라의 23개 군부대 명칭이 기록되어 있다. 6정停, 9서당誓幢, 10정停, 5주서州誓 등이다. 이 가운데 9서당은 금색衿色으로 구별되는 획일적인 부대 명칭을 가지고 있다. 9서당은 신라인으로 구성된 녹금서당, 자금서당, 비금서당 세 개 부대, 고구려인으로 구성된 황금서당, 벽금서당, 적금서당 세 개 부대, 백제인으로 구성된 백금서당, 청금서당 두 개 부대, 말갈인으로 구성된 흑금서당 한 개 부대로 편성되었다. 삼국을 통일한 이후 신라 영역 내로 편입된 고구려, 백제, 말갈 유민들을 포괄한 것이다.

9서당 부대 명칭에서 공통적으로 사용되고 있는 단어는 '금(衿)'이다. 금이란 옷깃이나 옷고름 혹은 띠 같은 것을 의미한다. '금' 앞에 놓여 부대를 구분하는 단어는 녹색, 자색(자주), 백색, 비색(진분홍), 황색, 흑색, 벽색(진파랑), 적색, 청색이다. 색깔이 9서당 부대를 구분하는 기준이 되고 있다. 각 부대별 색깔은 부대를 상징하는 부대 깃발에도 그대로 적용되었음에 틀림없다.

629년 신라군은 고구려가 장악하고 있던 낭비성(娘臂城)을 공격했다. 고구려군이 성문을 열고 나와 맞서 싸웠다. 신라군이 패하면서 사상자가 늘어났고 사기는 땅에 떨어졌다. 이때 김유신이 나섰다. 김유신은 적진으로 세 번 들어갔다가 세 번 다시 나왔다. 그때마다 적장을 베거나 적의 '깃발'을 빼앗아 왔다. 김유신의 활약으로 사기가 올라간 신라군은 고구려군을 물리쳤고 결국 낭비성을 함락했다.

660년 황산벌에서 김유신의 신라군과 계백의 백제군이 대치했다. 전투에 참가했던 관창은 "제가 적진에 들어가 장수의 목을 베지도 못하고 적의 '깃발'도 꺾어버리지 못한 것이 깊이 한이 됩니다"라고 외친 후, 다시 적진에 뛰어들어 전사했다. 관창의 전사를 계기로 신라군은 총공격해 백제군을 패배시켰다. 당시 관창이 외친 말 속에서 깃발이 장수의 목숨에 버금가는 존재였음을 알 수 있다.

신라군은 색깔을 통해 부대와 깃발을 구분했다. 또한 모든 신라 병사들은 부대 소속을 나타내는 휘장(휘직徽織)을 군복에 부착했다. 휘장은 반달(반월半月) 모양이며 청색, 적색, 녹색 등 여러 색깔을 활용해

사용했다. 각각의 크기와 부착 위치는 알 수 없다. 디만 기슴과 등에
는 주로 갑옷을 착용하기 때문에 상반신 가운데 노출되는 팔 부위에
휘장을 부착했을 가능성이 있다. 반달 모양 휘장은 신라 왕궁이 위치
했던 경주 반월성의 모양을 본뜬 것으로 여겨진다. 신라군은 모두 국
왕의 병사들이라는 의미다.

　무오가 《무오병법》 15권과 함께 국왕에게 바친 《화령도》 두 권은
이런 제반 규정들을 그림으로 엮은 책이었을 것이다. 현재 한국에는
고대의 병법서가 전해지지 않는다. 하지만 삼국시대에도 부대를 효
율적으로 편성하고 운용하기 위한 노력들이 많았음을 충분히 짐작
해볼 수 있다.

　《무오병법》을 비롯한 신라시대 병법서는 전란이 많았던 고려시대
에도 적지 않게 활용되었을 것이다. 이러한 병법서 편찬은 이후 조
선시대에 《무예도보통지》와 같은 병법서로 결실을 맺었다고 할 수
있다.

2부

고려,
전쟁 이후의
역사들

장보고의 난 이후,

군 벌 의 시 작

장보고는 일찍이 당에서 활동하다 귀국해, 흥덕왕에게 청해
진清海鎭 설치를 건의했다. 흥덕왕이 허락하자 장보고는 완
도에 만 명의 병사를 거느리고 주둔하면서 서남해의 해상권
을 장악했다. 흥덕왕이 사망하고 김균정과 김제륭 사이에
왕위 쟁탈전이 벌어져, 김균정은 살해되고 김제륭이 희강왕
으로 즉위했다. 김균정의 아들 김우징은 청해진으로 와 장
보고에게 의탁했다.

이후 김명이 희강왕을 살해하고 민애왕으로 즉위하자, 장보
고는 김우징과 김양 등과 함께 군사를 일으켰다. 그리고 민
애왕을 죽이고 김우징을 신무왕으로 추대했다. 곧 신무왕
이 사망하고 아들 문성왕이 즉위했다. 장보고는 자신의 딸
을 문성왕의 둘째 왕비로 삼고자 했으나 귀족들의 반대로
무산됐다. 이에 장보고는 청해진을 중심으로 반란을 일으켰
고, 문성왕은 자객 염장을 보내 장보고를 살해했다. 장보고
의 난 이후 국왕의 권위는 더욱 추락하고 지방분권화 경향
은 가속화되었다.

851년 2월

신라 문성왕, 장보고의 난 이후 반란의 본진인 청해진을 해체.

918년 7월

태조 왕건, 고려 건국. 연호는 천수天授.

"태조께서는 견훤이 부자 간에 서로 해치자 토벌했고, 신라 군신이 의탁하자 예를 갖춰 대우했다. 강한 거란이 동맹국을 침략해 멸망시키자 국교를 단절했고, 약한 발해가 나라를 잃고 돌아갈 데가 없자 이를 위무해 받아들였다." 《고려사절요》

"신라는 시들었고 새로운 세상이 태어난다"

660년 백제가 멸망했다. 백제가 멸망하기 전에 전조가 나타났다. 귀신 하나가 궁궐에 들어와 백제가 망한다고 크게 외치고는 땅으로 들어가 버렸다. 왕이 괴이하게 여겨 땅을 파보게 했다. 깊이 3자 정도 파내려 가니 거북이 한 마리가 나왔다. 거북이 등에는 '백제동월륜百濟同月輪 신라여월신新羅如月新'이라는 문구가 새겨져 있었다. "백제는 달이 둥근 것과 같고 신라는 달이 새로운 것과 같다." 백제는 가득 차서 점점 기울고 신라는 차지 않아 점점 차오른다는 의미다.

신라가 삼국을 통일한 지 200여 년이 흘렀다. 후백제와 후고구려가 건국되어 후삼국이 정립되었다. 후삼국 시기 왕건이 아직 궁예 밑에 있을 때의 일이다. 궁예의 난폭한 정치가 극에 달했을 무렵, 왕건 추대론이 서서히 고개를 들었다.

이 무렵 신라의 최치원이 왕건에게 문안을 드렸다. 최치원은 천명天命을 받은 비상한 인물이 개국할 것을 알고서 왕건에게 글을 보냈다고 한다. 그 글 가운데 '계림황엽雞林黃葉 곡령청송鵠嶺靑松'이라는 문구가 있다. "계림은 누런 잎이고 곡령은 푸른 소나무다." 계림은 신라를 의미하고 곡령은 개경에 위치한 고개 이름이다. 즉 신라는 이미 시들어 버렸고 고려는 푸른 소나무라는 의미다.

최치원은 신라의 충신으로서 난세가 되자 벼슬을 버리고 초야에 묻혔다. 이런 인물이 신라를 밀어내며 새로 등장한 왕건에게 문안 인사를 드렸다는 것은 그대로 믿기 어렵다. 아마 최치원의 영향을 받은 인물 가운데 하나가 왕건 세력에게 접근하면서 올린 글일 가능성이 크다. 이것을 왕건 입장에서 신라의 대학자 최치원이 직접 올린 문안 글이라고 홍보했을 것이다.

세상이 수상해지면 나타나는 말, 참언

강원도 철원에는 왕창근이라는 자가 살고 있었다. 왕창근은 중국에서 건너와 후고구려의 수도 철원에서 장사를 하고 있었다. 하루는 백발에 옛 옷과 모자를 착용한 괴상한 자가 나타났다. 그는 왼손에는 자기 사발을, 오른손에는 낡은 거울을 들고 있었다. 괴상한 차림의 사내는 왕창근에게 낡은 거울을 살 수 있는지 물었다. 왕창근은 쌀을 주고 거울을 사들였다. 그 자는 받은 쌀을 거리의 걸인들에게 나눠주고 홀연히 사라져 버렸다.

왕창근은 사들인 낡은 거울을 벽에 걸어두었다. 거울에 햇빛이 비치자 작은 글자들이 나타났다. 모두 147자가 새겨져 있었는데, 글자들은 암호처럼 되어 있었다. "사년巳年 중에 두 용이 나타나는데, 하나는 몸을 청목중靑木中에 감추고 하나는 형상을 흑금동黑金東에 나타낸다." 송함홍, 백탁, 허원 등이 글귀를 풀이했다. 청목은 소나무이므로 송악松岳을 나타내고, 흑금은 철이므로 도읍인 철원鐵圓을 나타낸다. 송악의 왕건이 철원의 궁예를 몰아내고 왕이 된다는 내용을 비틀어 써놓은 것이다. 새로운 왕이 등장한다는 내용을 담은 참언讖言

전쟁 이후의 한국사

이다.

역대 제왕들은 정권을 탈취할 목적으로 참언을 자주 활용했다. 참언을 이용해 정권을 탈취한 자는 그것이 부메랑이 되어 다시 스스로에게 돌아오기 일쑤였다. 그렇기에 참언의 위력을 아는 자들은 권력을 잡고 나면 참언이나 참서讖書를 엄하게 금지했다. 하지만 나라가 혼란해지고 유력한 세력이 나타나면 어김없이 참언이 나돌았다.

참讖은 정치적으로 잘하는 일에 대해서는 하늘에서 상서로운 조짐을 보여 칭찬하고, 잘하지 못하는 일에 대해서는 미리 재앙의 조짐을 보여 꾸짖는 것을 말한다. 중국 한 시기의 유학자 동중서董仲舒는 천명을 중시했다. 천명은 하늘의 뜻이며 새로운 제왕이 나타나기 전에 상서로운 조짐이 나타난다고 했다. 동중서는 《춘추번로春秋繁露》와 《한서漢書》에서 다음과 같이 말했다.

좋은 일은 좋은 조짐을 보이고 나쁜 일은 나쁜 조짐을 보인다. 제왕이 장차 흥하게 될 때에는 그에 대한 상서로운 일이 먼저 나타나고, 제왕이 장차 망하게 될 때에는 요상하고 이상한 조짐이 먼저 나타난다.

하늘이 크게 쓰려고 하는 왕은 사람 힘으로 어찌 할 수 있는 것이 아니라 스스로 온다. 곧 하늘의 명을 받았다는 것이다. 이렇게 하면 천하 사람들이 같은 마음으로 돌아가는 것이 부모에게 돌아가는 것처럼 한다.

知樞密院事戶部尚書上將軍曹 妻河源郡夫人等
祝聖壽天長國大民安及 法界眾生離苦得樂愿以 金鐘 一副入鐘柒拾斤造成

"지추밀원사 호부상서 상장군 조, 처 하원군 부인 등이
전하의 만수무강과 나라의 태평, 백성들의 편안함, 그리고 법계 중생이
고통을 떠나 즐거움을 얻기를 기원하며 70근의 쇠종을 만들었다."

—

동종. 고려 왕의 만수무강과 국태민안 등을 기원하는 발원문을 새겼다. 건국신화에서 태조의
조모가 황룡으로 등장하듯이 용은 고려 국왕을 상징한다. 12세기 말~13세기 초 무렵 제작.

앞서 왕창근이 사들인 낡은 거울에 새겨진 글귀가 바로 참언이다. 기괴한 옷을 입고 낡은 거울을 들고 나타난 자는 왕건 세력과 관련된 인물임에 틀림없다. 거울에 새겨진 참언은 궁예를 몰아낼 명분으로 사용하기 적합했다.

"압록강까지가 우리의 범위이다"

왕창근의 거울 글귀 중에는 '선조계先操雞 후박압後搏鴨'이라는 표현이 있다. "먼저 계림雞林을 잡고 나중에 압록강鴨綠江을 취한다." 먼저 계림(신라) 지역을 잡고 나중에 압록강 북방 일대를 취한다는 의미다. 당시 궁예가 수도로 삼고 있던 강원도 철원에서 볼 때, 계림은 남쪽에 있고 압록강은 북쪽에 있다. 왕건이 왕이 되어 남쪽과 북쪽을 모두 병합한다는 말이다.

여기에서 주목되는 것은 당시 사람들이 북쪽 영역을 대체로 압록강으로 인식하고 있었다는 점이다. 물론 압록강은 단순히 상징적인 의미일 수도 있다. 하지만 이 글귀는 옛 고구려의 수도(평양)가 있던 대동강이 아니라 보다 북쪽인 압록강을 구체적으로 언급하고 있다.

또 《고려사》 권14, 예종 12년(1117)의 기록을 보면, '압록구허鴨綠舊墟 계림고양雞林故壤'이라는 표현이 나온다. 12세기 초 거란(요)은 여진(금)에게 타격을 입은 후 내원성來遠城과 포주성抱州城을 고려에 돌려주고 물러났다. 고려 조정에서는 압록강을 경계로 관방關防을 설치했다. 이에 여러 신하들이 국왕에게 표문을 올려 축하했다. 이때 표문 속에 '압록의 옛 땅은 계림의 옛 땅'이라는 언급을 했다.

이러한 내용을 역사적 사실로 바로 인정하기에는 논란의 여지가 있다. 하지만 12세기 고려인들은 압록강을 북방 경계라는 의미에서 받아들이고자 했고, 이러한 범위가 신라에서 계승된 인식임은 분명해 보인다. 현대인들이 대동강에서 원산만에 이르는 선을 신라의 북방 '국경선'으로 인식하면서 고정관념이 굳어졌다. 고대에는 지금과 같은 국경선 개념보다는 '세력권' 개념이 더 강했다. 신라는 대동강 이북으로 북진해 압록강 이남을 적극적으로 영역화하지는 않았지만, 완충지로서 압록강까지를 자기들의 세력권이라고 여겼을지도 모를 일이다.

때로는 새로운 세상의 명분이 되어준 수상한 말

918년 6월 홍유, 배현경, 신숭겸, 복지겸 등은 몰래 모의한 후 왕건의 저택을 찾아갔다. 궁예는 문제가 있으니 왕건이 대신 왕위에 오르라는 권유를 하기 위해서였다. 왕건은 거절했다. 신하로서 두 마음을 품을 수 없다는 것이었다. 이때 여러 장수들이 말했다. "때는 두 번 오지 아니하므로 만나기는 어렵고 잃기는 쉽습니다. 하늘이 주는 것을 취하지 않으면 도리어 그 벌을 받습니다." 마지막에 "왕창근이 얻은 거울의 글귀가 저러한데, 어찌 가만히 있다가 궁예의 손에 죽을 것입니까?"라고 덧붙였다.

왕건의 부인 유씨마저 여러 장수들의 얘기를 듣고 태조를 설득했다. 결국 왕건은 갑옷을 입고 칼을 빼들었다. 여러 장수들이 왕건을 호위하며 문 밖으로 뛰쳐나왔다. 금세 만여 명이 모여들었고 궁성문으로 향했다. 궁예가 놀라 사복 차림으로 궁궐을 빠져나와 산 속으로 달아났다. 궁예는 오래지 않아 지역 주민에게 해를 입어 사망했다. 왕건의 고려가 탄생하는 순간이었다.

공병의 해체 이후,

고 려 의 탄 생

철에 녹이 슬면 녹이 철을 먹기 시작한다. 결국 으스러지고
만다. 국가의 공병公兵이 해체되고, 중앙과 지방에서 사병私
兵이 활동하게 되는 것은 신라의 지배체제를 뒤흔드는 과정
이라고 할 수 있다. 공병은 국가가 동원하는 공적인 부대이
며, 사병은 개인이 동원하는 사적인 부대다.

신라가 676년 삼국을 통일한 이후 한동안 사병은 미미한
수준이었다. 하지만 신라 하대에 이르면 점차 사병의 활동
이 부각되기 시작한다. 이들 사병은 중앙에서는 귀족들의
왕위쟁탈전에 동원되었고, 지방에서는 호족세력의 기반이
되었다. 신라 하대 왕위쟁탈전 과정에서 중앙의 공병은 거
의 해체된 것으로 파악된다. 신라의 공병은 여러 차례 진압
군 혹은 반란군으로 동원되면서 해체의 수순을 밟아나갔고,
반대로 사병들은 그 빈 자리를 빠르게 채워 나갔다.

889년

원공과 애노, 사벌주 농민들을 선동해 신라 조정에 반기.

"이름을 알 수 없는 이가 조정을 비방하는 글을 지어 조거리에 방을 붙였다. 왕은 사람을 시켜 그를 수색했으나 잡지 못했다. … 그날 저녁 구름과 안개가 덮이고 벼락이 치면서 우박이 쏟아졌다. 이에 왕이 두려워하며 거인을 풀어줬다." 《삼국사기》 〈신라본기〉

936년 9월

고려, 일리천 일대에서 후백제 신검군을 토벌. 통일왕조로서 고려 시작.

공적인 힘이 사적인 힘에 패배했을 때

혜공왕 이후 왕위쟁탈전은 끊임없이 이어졌다. 선덕왕, 원성왕, 헌덕왕 등의 즉위 과정에서 공병이 동원되어 적지 않은 병력이 소모되었다. 여기에 822년 김헌창의 난을 겪으면서 또 다시 상당한 병력이 줄어들었다. 이후 836년 희강왕이 즉위하고, 이에 대한 역쿠데타로 839년 신무왕이 즉위했다.

동서고금을 막론하고 지도층의 분열은 나라를 약화시키기 마련이다. 거듭된 왕위쟁탈전은 중앙의 공병과 사병 모두를 약화시켰다. 이를 상징적으로 보여주는 사건이 있다. 왕위계승 다툼에서 밀려난 우징은 청해진의 장보고와 손을 잡았다. 청해진의 군사들이 경주로 진군해 민애왕을 제거했다. 839년 우징이 신무왕으로 즉위했던 것이다. 이 과정에서 중앙의 공병이 지방의 사병집단에게 패배한 사실에 주목할 필요가 있다. 더 이상 중앙의 공병이 지방의 사병을 압도할 수 없음을 잘 보여주고 있다. 신라 중앙정부의 권위는 땅에 떨어졌고, 지배체제의 허점이 적나라하게 노출되었다.

신라 중앙정부의 지방에 대한 통제력 또한 점차 약화되었다. 887년 진성여왕 즉위 이후에는 지방통제력을 거의 상실하게 되었다. 여기에 극심한 자연재해가 겹치면서 지방의 민심이 이반하기 시작했다. 생활고로 인해 유랑민들이 늘어났고 전국 곳곳에서 도적이 들끓었다. 이러한 가운데 도적이나 양민을 자신의 사병으로 조직한 자들이 나타나기 시작했다.

양길과 궁예는 주로 도적집단을 사병화해 신라 북쪽에서 활동했고, 견훤은 자신의 일부 부하와 지역주민을 사병화해 신라 서쪽에서 할거했다. 견훤의 후백제, 궁예의 후고구려가 세워짐에 따라 후삼국 시대가 열렸다. 다시 왕건은 궁예를 몰아내고 고려를 세웠다. 지방호족 세력의 사병이 강화되면서 신라의 지배체제가 붕괴된 것이다. 이러한 신라 말기의 사병은 사회 변동의 중심세력으로서 후삼국을 정립시켰고, 신라의 멸망을 재촉했다.

세력을 키운 후백제의 견훤은 927년에 신라의 수도 경주를 약탈했다. 군사를 풀어 금은보화를 끌어 모았고, 재능 있는 자들은 포로로 삼았다. 견훤은 붙잡힌 신라 왕을 자살하게 만들었고, 왕비는 자신이 직접 욕보였다. 나머지 후궁들은 견훤의 군사들에게 욕보이게 했다. 나아가 견훤은 새롭게 경순왕을 옹립했다. 경주를 구원하러 오던 왕건의 고려군은 팔공산 아래에서 격파되었고, 왕건은 겨우 도망쳐 나왔다. 견훤의 행보는 거침없어 보였다.

신라 이후의 미래가 결정된 승부

고려와 후백제의 전투는 경상도를 중심으로 치열하게 전개되었다. 한반도 중부에서 성장한 고려와 서남에 기반을 둔 후백제가 대립했기 때문에, 이 둘이 세력 확장을 꾀할 수 있는 곳은 경상도 지역밖에 남아 있지 않던 것이다. 경상도를 장악하는 세력이 후삼국을 통일할 수밖에 없었다.

초기에는 후백제의 공세가 돋보였다. 하지만 930년 고창(오늘날 경북 안동)전투를 계기로 전황은 고려에 유리하게 전개되었다. 앞서 견훤이 경주를 유린함에 따라 경상도 지역에는 반反후백제 감정이 고조되어 있던 상태였다. 여기에 고창전투의 결과에 따라 관망하던 이들이 대거 고려로 귀부했다. 그렇다고 하더라도 고려군이 후백제군을 압도하는 상황이라고 단정하기는 어려웠다.

그런데 935년이 되면 후백제에는 재앙이, 고려에는 행운이 되는 사건이 발생한다. 바로 후백제의 내부 분열이다. 견훤의 장남 신검은 아우 용검, 양검과 더불어 권력을 장악하고, 아버지 견훤을 금산사에 유폐시켜 버렸다. 결국 금산사를 탈출한 견훤은 적국인 고려로 넘어갔다. 견훤이 아들 신검에게 밀려나 고려로 귀부한 것이다.

935년에는 신라의 경순왕도 나라를 들어 고려에 바쳤다. 이에 앞서 934년에는 발해의 세자였던 대광현이 발해 유민 수만 명을 거느리고 고려로 귀부한 상태였다. 이로써 고려는 통일의 명분을 얻었고 병력도 충분했다. 이제 주저할 것도 거칠 것도 없었다. 고려는 후백제와의 최후 전투를 준비했다.

936년 6월, 고려군은 수도 개성을 출발해 천안부(오늘날 충남 천안)까지 남하했다. 천안에서 남쪽으로 내려가면, 공주와 논산을 거쳐 후백제의 수도 전주에 도달할 수 있다. 하지만 고려군은 곧장 남하하지 않고 돌연 동남쪽의 일선주(오늘날 경북 구미)로 방향을 틀었다. 고려군의 움직임을 주시하던 후백제군도 고려군을 따라 일선주로 몰려들

마애약사여래좌상과 명문 탁본. 명문에 고려 5대 국왕 경종 2년(977년)에 보수했다고 나오므로 30~40년 전인 고려 태조 대에서 혜종 대에 제작되었을 것으로 추정된다. 명문을 보면 '태평太平'이라는 독자적인 연호를 사용했으며 '황제만세원皇帝萬歲願'이라는 표현을 사용했다는 데에서 고려 초기 군주들이 스스로를 황제라 칭했음을 짐작할 수 있다. 보물 제981호. 경기도 하남시 교산동 소재.

었다. 결국 936년 9월, 일선주에서 후삼국시대를 종결짓는 결성석 전투가 벌어진다.

왕건은 왜 곧장 남하하지 않았을까?

일선주에서 벌어진 전투를 일리천—利川전투라고 한다. 일리천을 사이에 두고 고려군과 후백제군이 대치했기 때문이다. 일리천의 구체적인 위치는 확인되지 않는다. 다만 일선주 경내의 하천임에는 틀림없다. 일선주에는 낙동강이 북에서 남으로 흐르고 있는데, 일리천은 낙동강과 연결된 지류의 하나로 파악된다. 북쪽에서 내려온 고려군과 서쪽에서 동쪽으로 이동한 후백제군의 상황과 당시 교통로를 감안하면, 일리천은 구미시 선산읍의 남쪽을 흐르는 감천으로 추정된다. 감천은 서쪽에서 동쪽으로 흘러 낙동강에 합류한다. 감천 북쪽에 고려군이, 남쪽에 후백제군이 주둔하며 대치한 것으로 여겨진다.

그런데 왕건의 고려군은 왜 천안에서 곧장 남하하지 않고 동남쪽의 구미로 행군했을까? 935년 경순왕이 고려로 귀부했다고 하더라도 신라 세력이 완전히 고려로 넘어간 것은 아니었다. 당시 경상도의 지방 호족들은 사태를 관망하려던 경향이 강했다. 후백제군이 다시 고려군을 크게 이긴다면, 입장을 바꿔 후백제로 돌아설 수도 있었다. 왕건은 바로 이 점을 우려했던 것 같다. 왕건은 의도적으로 방향을 틀어 경상도 지역으로 남하했다. 그 과정에서 자신의 군사력을 과시하고 자신에게 동조하겠다는 세력의 병력과 물자를 끌어 모았던 것이다.

당시 고려군이 동원한 병력은 8만 7,500명에 달했다. 신라가 삼국을 통일하던 시기에 동원한 병력이 5만 명 정도였던 점을 감안하면, 엄청난 숫자라고 할 수 있다. 왕건은 전체 군사를 좌, 우, 중 삼군으로 나누고, 38명의 장수로 하여금 인솔케 했다. 병종은 기병 4만 명, 경기병 9,800명, 보병 2만 3,000명, 구원병 1만 4,700명으로 구성되었다. 병력 구성의 구체성으로 볼 때 그 신빙성이 상당히 높다. 전체적으로 볼 때 기병이 상당히 강화된 부대 편성이라고 할 수 있다. 이 정도 병력을 왕건이 출발하면서 모두 데리고 왔다고 보기는 어렵다. 경상도 지역으로 행군하는 과정에서 여러 지역의 병력이 합류해 왔다고 보는 것이 자연스럽다.

일리천전투 이후 시작된 새로운 시대

고려군과 후백제군이 일리천에서 마주했다. 팽팽한 긴장감이 감돌았다. 이때 왕건은 일부러 견훤과 함께 고려군을 사열했다. 후백제군의 동요를 고려한 속셈이었다. 사실 후백제군의 장수들은 신검의 부하들이 아니다. 견훤과 함께 동고동락하면서 성장해온 무장들이었다. 자신이 모시던 주군은 적에게 이미 항복해 버렸고, 주군의 아들을 모셔야 하는 입장이었던 것이다. 신검의 지휘를 받는 것이 속으로는 못마땅했을지도 모른다.

《고려사》의 기록을 보면 당시 정황이 그대로 드러난다. 후백제의 좌장군 효봉 등이 고려의 군세가 대단한 것을 확인한 다음 투구를 벗고 창을 던져버리고 견훤의 말 앞으로 와 항복했다고 되어 있다. 이에 후백제군은 사기를 상실했고 감히 움직이지 못했다고 한다. 왕건은 후백제군이 동요하자 총 공격명령을 내렸다. 일리천을 건넌 고려군은 후백제군을 여지없이 격파했다.

후백제군의 참패였다. 3,200명이 포로가 되었고, 5,700명은 목이 달아났다. 신검의 후백제군은 재기가 불가능할 정도의 충격을 받았다. 신검은 충남 논산으로 물러나 전열을 재정비하고자 했으나, 이미 전세가 기운 것을 보고 아우 양검, 용검과 함께 고려에 항복했다. 936년 9월, 일리천전투로 인해 후삼국시대는 막을 내렸다. 진정한 고려시대가 시작되는 순간이었다.

동여진의 침입 이후,

거 란 의   부 상

1011년 8월 동여진東女真의 배 100여 척이 경주를 침입했
다. 경주는 고려 3경京 가운데 하나였다. 고려는 수도 개경開
京 외에, 옛 고구려의 수도였던 평양을 서경西京이라 하고, 옛
신라의 수도였던 경주를 동경東京이라 해 3경으로 삼았다.
동여진이 고려의 동경이었던 경주를 침입한 것이다. 동여진
은 동해안을 따라 육로로 남하한 것이 아니라, 배를 타고 해
로로 남하해 경주를 공격했다. 그 구체적인 피해 상황은 전
해지지 않는다.
고려는 동여진의 침입에 대비하기 위해 청하, 흥해, 영일, 울
주, 장기에 성을 쌓았다. 모두 경주 인근의 동해안을 방어할
수 있는 위치였다. 1012년 5월 동여진은 다시 경주 일대로
쳐들어 왔다. 청하, 영일, 장기 등을 공격했지만 이미 축성과
방어 태세가 갖추어져 있었기 때문에 경주로 진입할 수 없
었다.

1011년 8월

동여진, 배 100여 척으로 고려 경주를 침입.

"현종 10년(1019) 기묘일에 이르러 우산국 백성 가운데 일찍이 여진에게 노략질을 당해 도망쳐온 자들을 모두 돌아가게 했다."《고려사》

1032년 11월 8일

우릉성주, 아들 부어잉다랑을 보내 고려에 토산물 진상.

일본을 침략한 여진

동여진의 경주 침입 후 7년이 흘렀다. 1019년 '도이刀伊의 적賊'이 쓰시마對馬, 이키壹岐, 치쿠젠筑前, 히젠肥前, 하카다博多 등 일본의 섬과 해안을 침입했다. 일본에서 '도이'는 동여진을 이르는 말이다. 동여진이 쓰시마 일대와 규슈九州 연해안을 습격한 것이다. 이때 동여진이 타고 온 배는 모두 50척이었다. 앞서 경주를 침입한 100척에는 미치지 못하지만, 동해안을 지나 일본까지 공격했다는 점에서 일본에게는 충격적이었다.

11세기 초 동여진이 습격한 일본 지역은 9세기 말 '신라 해적'이 습격한 지역과 일치한다. 당시 신라는 중앙권력이 붕괴하고 후삼국시대로 접어들고 있었다. 연이은 자연재해로 민심은 흉흉했고, 지방에서는 독립 세력들이 출현했다. '신라 해적'은 독자화를 선언하고 세력을 확장하던 견훤 집단과 연관이 높은 것으로 추정되고 있다.

쓰시마와 규슈 북부 지역에는 다량의 병력 유지용 물자가 매년 집적되고 있었다. 9세기 당시 치쿠젠, 치쿠고筑後, 히젠, 히고肥後, 부젠豊前, 분고豊後 등에서 총 2,000석을 부담해 쓰시마로 운반했다고 한다. '신라 해적'은 이를 노리고 군수물자 확보를 위해 침입한 것으로 파악되고 있다. 11세기 초 동여진도 이러한 맥락에서 쓰시마와 규슈 북부 지역을 침입했을 가능성이 크다.

12세기 일본에서 편찬된《조야군재朝野群載》에 따르면, 동여진의 배는 약 21.6미터와 15~16미터 길이의 두 종류가 있었다고 한다. 큰 배에는 50~60명이 승선하고, 작은 배에는 20~30명이 승선한다고 되어 있다. 최대와 최소를 감안해 어림잡으면 배 한 척당 평균 40명이 승선했음을 알 수 있다. 그렇다고 한다면 일본을 습격한 50척의 배에는 2,000명 정도가 승선했다고 볼 수 있다.

후지와라 사네스케藤原実資의 일기인 《소우기小右記》에는 당시 일본이 입은 피해 상황이 자세히 적혀 있다. 쓰시마에서 사망자 36명과 포로 346명이 발생했고, 이키에서 사망자 149명과 포로 239명이 발생했으며, 치쿠젠에서 사망자 180명, 포로 704명이 발생했다고 한다. 언급된 인명 피해만 1,654명에 달한다.

동여진이 일본을 침입한 시기는 1019년이다. 바로 전해인 1018년에 여진의 고려 내조来朝가 급증했다. 《고려사》 기록에 따르면 1010년, 1011년, 1012년, 1017년에 각 한 차례 내조가 있었지만, 1018년에는 매월 여진의 내조가 있었다. 동여진의 내조만 열 차례였다. 일반적으로 동여진이 고려에 내조할 때에는 특산품과 말 등을 헌상했는데, 1018년의 경우 헌상품의 대부분은 특산품이 아니라 갑옷, 깃발, 병장기 등이었다.

병장기를 헌상했다는 것은 자신들이 보유하고 있던 것을 고려에 헌상하며 무장해제했음을 암시한다. 동여진 내외부에 어떤 군사적 움직임이 있었고, 이를 피해 남쪽 고려로 내려왔던 것으로 추정된다. 이러한 혼란 과정에서 고려와 친밀하지 않았던 일부 세력이 해로를 통해 일본으로 침입했던 것이다.

전쟁 이후의 한국사

1019년 동여진의 일본 습격을 전후해, 특이한 사건이 발생했다. 동해의 우산국(울릉도)은 1018년, 1019년, 1022년에 동여진의 습격을 받았다. 시기적으로 볼 때 일본을 습격한 동여진과 고려를 습격한 동여진은 동일한 집단이라 할 수 있다. 이 시기 동여진은 고려의 동해안과 울릉도 그리고 일본의 쓰시마와 큐슈 일대를 종횡하고 있었던 것이다.

일본을 습격했던 동여진의 선박은 50척이었고, 승선인원은 약 2,000명으로 추산된다. 동일하게 경주를 침입한 동여진의 규모를 고려해 보자. 배 한 척당 평균 40명이 승선했을 경우, 경주를 침입한 100척 규모의 인원은 무려 4,000명에 달한다. 이들을 어떤 국가의 일원이라 보기는 어렵지만 조직화된 거대 집단임에는 틀림없다.

《조야군재》에는 "산으로 오르고 들판을 가로지르며 소, 말, 개를 잡아먹고, 노인과 아동은 모두 베어 죽이고, 젊은 남녀를 잡아 배에 실은 수가 400~500명이나 된다. 또한 도처에서 약탈한 곡식의 종류와 그 수는 헤아릴 수 없다"라고 나와 있다. 이들의 행동 자체를 보면 단순한 해적 집단처럼 보인다. 하지만 또 다른 표현에는 "칼을 번뜩이며 뛰어다니고, 활과 화살을 휴대하고 방패를 가진 자가 70~80명 정도, 서로 어울리는 무리가 이와 같다"고 되어 있다. 칼, 활, 방패를 휴대하고 70~80명씩 조직적으로 행동하고 있음을 알 수 있다.

《소우기》에는 이들의 모습이 보다 구체적으로 묘사되어 있다.

척경입비도拓境立碑圖. 《북관유적도첩》에 있는 그림으로 1107년(예종 2) 윤관과 오연총이 함경도 일대의 여진족을 정벌한 뒤 9성을 쌓고 선춘령에 "고려지경高麗之境" 비를 세운 일을 기록한 것이다.

싸울 때는 각자 방패를 지닌다. 앞 열에 있는 자는 창을 들고, 다음 열에 있는 자는 큰 칼을 들며, 그 다음 열에 있는 자는 활과 화살을 든다. 화살의 길이는 한 척 정도 되고, 쏘는 힘이 매우 맹렬해 방패를 뚫고 사람을 맞춘다.

이들은 기본적으로 3열로 진陣을 구성했다. 1열은 창과 방패로 적의 기병과 활 공격을 막아내고, 2열은 큰 칼로 백병전을 대비하며, 3열은 활로 원거리 공격을 했다. 한마디로 진법을 구사하는 조직화된 집단이었던 것이다. 선박 수십 척을 이동 수단으로 운용한 점에서 단순한 해적 집단으로 볼 수 없다. 그렇다면 이들은 어디에서 왔던 것일까?

고려의 해적 대비 방책

여진은 단일한 종족이나 정치체를 의미하는 것이 아니다. 춘추전국시대에는 숙신肅愼, 진과 한시대 이후에는 읍루挹婁, 남북조시대에는 물길勿吉, 수와 당시대에는 말갈靺鞨, 송과 원시대 이후에는 여진女眞이라 불렀다. 이들은 부족과 부락 단위로 이합집산을 거듭했고, 각 집단의 이해관계에 따라 주변 세력과 온도차가 달랐다. 고려는 이들을 번蕃, 말갈, 여진으로 혼용해 부르다가 점차 여진으로 불렀고, 위치에 따라 동여진과 서여진으로 구분했다. 동여진은 함경도에서 동만주 일대에 거주했다.

1009년, 고려는 동북의 해적을 방어하기 위해 과선戈船 75척을 지금의 원산 일대인 진명구鎭溟口에 배치했다. 과선은 대체로 과戈(낫과 같이 찍기 좋은 날이 달린 창)를 선체 아래나 위에 꽂아 적이 배에 오르지 못하게 하고, 충각衝角을 설치해 적선을 들이받을 수 있는 전선이라고 파악되고 있다. 《소우기》에는 고려의 배가 매우 넓고 크며 창과 갑주와 같은 다양한 무장을 갖췄을 뿐 아니라 큰 돌을 날릴 수 있다고 기록되어 있다. 과선의 정확한 모습은 확인하기 어렵지만, 고려의 주력 전선이었음은 분명하다.

1030년 4월, 동여진의 만투曼鬪 등 60여 명이 고려로 와서 과선 네척과 호시楛矢 11만 7,600개를 바쳤다. 동여진이 헌상한 과선이 고려의 과선과 동일한 것인지는 알 수 없지만, 비슷한 형태였기 때문에 과선으로 인식했을 것이다. 또 화살 약 12만 개를 보유한 것으로 보아 전문 전투 집단이었음을 짐작할 수 있다. 과선 네 척을 헌상한 이들은 1011년 경주를 침입한 집단의 후손일 가능성이 높다.

1011년 경주를 침입한 동여진의 거주지를 특정하기는 어렵다. 이들의 본거지가 함경남도 함흥평야 일대, 두만강 하구 일대, 연해주 일대라는 설 등이 나와 있다. 다만 이들은 단순히 말 타고 약탈하는 해적 집단이 아니었다. 이들은 대규모 선박이 정박할 수 있는 항구를 보유하고 있었고, 100척 이상의 대형 선박을 운용할 능력을 지녔으며, 진법을 구사할 수 있는 조직화된 집단이었다.

동여진의 대규모 침입은 고려가 그간 소원했던 일본과의 관계를 개선하는 데 도움이 되었다. 고려는 동해안의 방비를 강화하는 동시에, 동여진의 침입을 받아 포로가 된 일본인들을 구출해 일본으로 송환하기도 했다. 하지만 북방에는 여진을 밀어낸 거란이 새롭게 부상하고 있었다.

거란과의 전쟁 이후,

차 별 받 는   이 방 인 들

거란은 크게 993년, 1010년, 1018년 세 차례 고려를 침입했다. 거란은 991년 압록강 하류에 내원성來遠城을 쌓아 고려와 여진의 통로를 막고 교두보로 삼았다. 993년 거란의 성종은 소손녕에게 수십만 대군을 동원해 고려를 침입케 했다. 이때 고려는 청천강에서 거란군을 저지하고, 서희가 담판에 나서 거란군을 물러나게 했다. 거란의 1차 침입은 서희의 활약으로 고려가 강동 6주를 획득하는 계기가 되었다. 이후 거란이 강동 6주의 반환을 요구하자 고려는 거부했고, 마침 강조의 정변이 일어났다. 이를 빌미로 1010년 거란의 성종은 40만 대군을 거느리고 고려를 침입했다. 강조가 이끄는 고려군은 거란군에게 대패했고, 1011년 현종은 나주로 피신하고 개경은 함락되고 말았다. 하지만 고려군의 저항과 보급로의 불안정으로 인해 거란군은 더 이상 공세를 지속하지 못하고 물러났다. 이로써 거란의 2차 침입도 실패로 끝났다.

1019년 2월 1일

고려군, 거란군을 포위해 섬멸. 귀주대첩.

"거란 군사가 패해 북쪽으로 도망하니 우리 군사가 뒤쫓아 쳐서 석천石川을 건너 반령盤嶺
에 이르렀다. 죽어 넘어진 시체가 들판을 덮고, 사로잡은 군사와 말, 낙타, 갑옷, 투구, 병
기는 이루 다 헤아릴 수도 없었다." 《고려사절요》

1391년 7월

300여 명의 동여진 사람들이 고려로 귀순.

"여진이 비록 우리와 다른 부류라 하나 이미 귀화해 이름이 판적版籍에 실려 백성과 같으
니, 진실로 마땅히 나라의 법규를 함께 지켜야 합니다." 《고려사절요》

1018년 거란의 소배압이 10만 대군을 거느리고 고려를 침입했다. 거란의 3차 침입이다. 고려는 강감찬을 상원수로 강민첨을 부원수로 삼아 방어케 했다. 거란은 압록강을 건너 서경(오늘날 평양)을 거쳐 개경 부근까지 남하했다. 하지만 고려의 철저한 대비로 인해 물러날 수밖에 없었다. 1019년 철수하는 거란군을 강감찬이 귀주에서 막아서 크게 승리한 전투를 귀주대첩이라 한다.

거란군이 귀주로 들어서자 강감찬은 부대를 이끌고 귀주 동쪽 들판에서 이들을 막아섰다. 지나려는 거란군과 막으려는 고려군 사이에 혼전이 벌어졌다. 팽팽한 균형 상태에서 남쪽에서 김종현의 구원부대가 나타나 거란군의 측후방을 공격했다. 거란군은 붕괴되어 달아났고, 고려군은 뒤쫓으며 전과를 확대했다.《고려사절요高麗史節要》에는 다음과 같이 기록되어 있다.

거란 군사가 패해 북쪽으로 도망하니 우리 군사가 뒤쫓아 쳐서 석천을 건너 반령에 이르렀다. 죽어 넘어진 시체가 들판을 덮고, 사로잡은 군사와 말, 낙타, 갑옷, 투구, 병기는 이루 다 헤아릴 수도 없었다. 살아 돌아간 자가 겨우 수천 명뿐이었으니 거란 군사의 패전함이 이때와 같이 심한 적은 없었다.

거란군은 기병이 최대한 전투 효과를 거둘 수 있도록 편성됐다. 출정 시 매 정군正軍 한 명이 말 세 필을 데리고 다녔다. 장거리 이동 시 말의 기동력을 유지하기 위함이었다. 그리고 전투병의 보급을 담당하는 타초곡기打草谷騎 한 명과 물품 관리와 운반을 담당하는 수영포가정守營鋪家丁 한 명을 각각 배치했다.

거란군의 기본 편성 단위는 500~700명 규모의 1대隊였다. 10대를 도道로 아울렀고, 이에 따라 1도의 규모는 5,000~7,000명이었다. 다시 10도를 로路로 삼았으니 1로는 5만에서 7만 명으로 편성했다.《요사遼史》에 따르면 거란군이 가장 많았을 때 규모는 164만 2,800명이었다고 한다.

거란군은 기병을 주력으로 삼았기 때문에 속전속결을 중시했다. 봄에는 1월에 출병해 4월에 철수하고, 가을에는 9월에 출병해 12월에 철수하는 것이 일반적이었다. 그래서 거란군은 공격 시 적의 성 방어와 수비가 견고하면 무시하고 통과해 버린다. 또는 적을 겁주거나 방심케 해서 성 밖으로 유인해서 포위한다. 적이 성문을 닫고 나오지 않으면 다른 곳으로 통하는 길을 끊고 다른 곳과의 연락을 단절시켜 고립무원의 상태로 만든다. 통과한 지역에는 각 성 부근의 요지에 정예기병 100여 명씩 매복시켜 적군이 뒤늦게 추격하는 것을 대비했다. 적 요새 사이의 모든 교통로에 순찰기병을 배치해 끊임없이 보급로와 연락선을 차단해 철저히 고립시켰다.

전쟁 이후의 한국사

십 년 후 승리를 예정한 명장, 양규

1010년 거란 성종은 40만 명을 거느리고 고려를 침입했다. 거란의 두 번째 침입이다. 거란군은 압록강을 건너 흥화진興化鎭을 포위했으나 함락시키지 못했다. 군대를 양분해 20만 명은 인주麟州 남쪽 무로대無老代에 주둔시키고, 나머지 20만 명은 성종이 직접 지휘해 통주通州로 남하했다. 거란군의 규모와 주둔 위치에 관해서는 논란이 있지만 대규모 부대였음은 틀림없다. 통주에서 고려의 방어군을 크게 격파한 거란군은 계속 남진했다.

양규는 거란의 2차 침입 때 흥화진에 주둔하고 있던 장수다. 조선 후기 홍량호가 저술한《해동명장전海東名將傳》에 고려시대 명장 19인 가운데 한 명으로 이름이 올라가 있기도 하다. 하지만 그의 이름은 점차 잊혔고, 오늘날 한국인들은 '고려의 거란전쟁' 하면 1차 침입 당시 활약한 서희와 3차 침입 때 활약한 강감찬만 주로 떠올리게 되었다. 그러나 양규야말로 서희가 얻은 강동 6주에서 활약하면서 귀주대첩의 밑거름이 된 인물이다.

흥화진을 함락시키지 못한 거란군은 흥화진을 그대로 둔 채 남하해 통주를 함락했다. 다시 남하해 곽주郭州를 함락하고, 군사 6,000명을 주둔시킨 후 다시 남하했다. 흥화진의 양규 부대는 거란군이 점령한 지역 속에 고립되었다. 하지만 양규는 흥화진 성문을 열고 나왔다. 700여 명을 거느리고 통주에 도착해 그곳의 흩어진 군사 천여 명을 수습했다. 다시 남하해 곽주를 야간 기습해 그곳을 지키고 있던

—

거란 소자小字가 새겨진 청동거울.
거란과의 교류를 통해 고려에 유입된 것으로 추정된다.

거란군 6,000명을 모두 목 베고 성 안의 남녀 7,000명을 통주로 이동시켰다.

이어서 양규는 거란군이 대규모로 주둔하고 있던 무로대無老代를 습격했다. 거란군 2,000여 명을 목 베고 포로가 되었던 3,000여 명을 되찾아왔다. 다시 이수梨樹에서 전투를 벌여 거란군을 석령石嶺까지 추격해 2,500여 명을 목 베고 포로가 되었던 천여 명을 되찾아왔다. 3일 후 다시 여리참余里站에서 전투를 벌여 천여 명을 목 베고 포로가 되었던 천여 명을 되찾아왔다. 적을 기습하고 추격전까지 벌인 점에서 양규의 부대는 기병이 주력이었던 것으로 추정된다.

양규와 거란군이 싸웠던 무로대, 이수, 석령, 여리참 등의 구체적인 위치는 알 수 없다. 전투 이후 포로가 되었던 고려의 백성들을 수습한 점을 고려해 보면, 전투를 벌인 거란군은 포로 수용 내지는 수송을 담당하던 부대였음을 알 수 있다. 양규는 무로대를 중심으로 편성되었던 거란군의 주둔지를 급습했던 것이다.

미완의 다문화 사회

이후 양규는 귀환하는 거란 주력군을 막아선다. 무로대 일대의 거란군을 급습하다가 거란 본대의 움직임을 포착한 것이다. 애전艾田에서 거란군의 선봉을 맞아 천여 명을 목 베었다. 거란 황제가 이끄는 본대가 나타나자, 김숙흥과 군사를 합쳐 치열한 접전을 벌였다. 그러나 세력에서 중과부적으로 전투 중에 병사들이 대부분 사망하고 화살도 다 떨어졌다. 결국 진중에서 양규와 김숙흥 모두 사망하고 말았다.

하지만 거란군 또한 여러 차례 고려군의 공격을 받았다. 큰 비로 인해 말과 낙타가 쇠잔해졌고 병장기를 많이 잃어버렸다. 이들은 압록강을 건너 퇴각하기 시작했다. 이때 고려군의 정성이 그들을 추격해 거란군이 강을 반쯤 건널 때 후미를 공격했다. 거란군은 물에 빠져죽은 자가 셀 수 없이 많았다. 거란군이 물러가자 항복했던 여러 성들을 모두 수복했다.

양규는 공부상서工部尚書로 추증되었고, 양규의 처 홍씨에게는 곡식이 지급되었으며, 아들 양대춘楊帶春은 교서랑校書郞에 임명되었다. 현종은 직접 교서를 작성해 홍씨에게 하사하며 다음과 같이 평했다.

지난 번 북쪽 국경에서 전쟁이 일어나자, 중군中軍에서 용맹을 떨치며 군사들을 지휘하니, 그 위세로 전쟁에서 이겼고, 원수들을 추격해 사로잡아 있는 힘을 다해 나라의 강역을 안정시켰다. 한번 칼을 뽑으면 만인이 다투어 도망가고, 6균鈞의 활을 당기면 모든 군대가 항복했으니, 이로써 성과 진이 보존될 수 있었다.

《고려사》 기록에 따르면, 양규는 일곱 번 전투를 벌였고 포로가 되었던 3만여 명을 되찾아왔다고 한다. 양규는 거란군에게 둘러싸인 포위상태에서 고려 중앙의 지원을 받지 않은 채 능동적으로 군사를 운용했다. 불과 한 달 만에 최소 1만 2,500명 이상의 거란군을 목 베는 전과를 올렸다.

양규의 부대 규모는 명확하지 않다. 최초 700여 명에서 통주에서 수습한 천여 명을 합하면 약 2,000여 명 정도의 수준으로 볼 수 있다. 이후 병력이 추가되었다고 하더라도 2,000~3,000명이 주력이었을 것이다. 양규는 상대하는 거란군에 비해 소규모인 부대를 운용하면서도 큰 전과를 올렸고, 철수하는 거란군 주력을 막아서며 싸우다 결국 전사했다. 2차 침입에서 양규는 전사했지만, 이후 3차 침입에서 강감찬은 철수하는 거란군 주력을 막아서며 결국 대승을 거두었다.

전쟁에서 대패한 거란군은 대부분 전사하거나 포로가 되었다. 《선화봉사고려도경宣和奉使高麗圖經》에 따르면, 고려에 포로로 잡힌 거란인이 수만 명이라 되어 있다. 그중에서 기술이 뛰어난 자는 고려의 수도 개경에서 장인匠人으로 활동했다고 한다. 반대로 전쟁 이후 거란에 억류된 고려인도 많았다. 거란에는 고려 포로 5,000호로 구성된 삼한현三韓縣이 만들어졌고, 거란의 고주高州와 귀주歸州에도 고려인 마을이 들어섰다.

동아시아에서 여러 민족과 국가 간의 전란이 빈번해지고 여러 경로를 통해 교류가 활발하게 전개되면서 고려에서도 잡거雜居와 귀화가 잦아졌을 것이다. 그러나 포로가 된 대부분의 거란인은 향鄕이나 부곡部曲과 같은 집단 거주지로 편제되었던 것으로 여겨진다. 이들은 일반 양민에 비해 신분적으로 차별대우를 받았으며, 거주 이전에도 제약이 있었다.

이자겸의 난 이후,

문 신 의   부 활

고려가 건국된 후 점차 체제가 안정되면서 부와 권력이 소
수의 문벌 귀족들에게 집중되기 시작했다. 그중에서도 인주
경원 이씨가 외척으로서 두드러졌다. 이자연은 세 딸을 문
종의 왕비로 만들어 권력을 휘둘렀고, 그의 손자 이자겸은
자신의 딸을 예종과 인종의 왕비로 만들었다. 예종을 이어
인종이 14세의 어린 나이로 왕위에 오르자, 이자겸의 권세
는 정점에 달했다.

이자겸은 왕의 외조부이자 장인이 되어 최고 권력을 행사했
다. 당시 '십팔자+八子가 왕이 된다'는 도참사상이 널리 퍼
져 있었고, 이자겸은 권좌에 욕심을 냈다. 사태를 파악한 인
종은 이자겸을 제거하려다 발각되어, 도리어 이자겸과 척준
경에 의해 이자겸의 자택에 연금당하고 만다. 이후 이자겸
은 인종을 독살하려 했으나, 왕비와 척준경의 반대로 실패
했다. 이에 인종은 척준경의 협조로 이자겸을 유배 보내고
인주 이씨 세력을 몰아냈다.

1126년 2월 25일

이자겸과 척준경, 자신들을 암살하려는 시도에 격분해 군사를 동원해 궁궐을 침범. 이자 겸의 난.

1135년 2월

김부식, 서경 공략. 묘청의 난 종식.
"날쌔고 사나우며 항거한 자는 서경역적이라는 네 글자를 자자刺字해 섬으로 유배보내고 그 다음인 자는 서경西京이라는 두 글자를 자자해 향과 부곡으로 나눠 유배시켰다."《고려사절요》

외척의 난, 묘청의 난

고려 인종(1122~1146) 시기부터 문벌 귀족들이 부와 권력을 독점하기 시작했다. 인종이 어린 나이에 즉위하자 인종의 외척 이자겸이 권력을 독점하고 농단했다. 1126년 이자겸은 인종을 살해하려다 실패하고 1127년 유배당했다. 이후 고려 사회는 급속히 혼란에 빠져들었다.

이자겸의 난을 진압한 인종은 왕권을 강화하기 위해 노력했다. 수도 개경이 아니라 서경西京 즉 평양을 중시하기 시작한 것도 그러한 노력의 일환이었다. 묘청을 위시한 서경파는 서경으로 천도해 북진 정책을 추진해야 한다고 주장했다. 인종은 서경에 대화궁大化宮이라는 궁궐과 팔성당八聖堂이라는 사당을 지었다. 하지만 개경파의 완강한 반대로 천도 계획은 무산되었다.

1135년 1월, 묘청은 서경에서 반란을 일으켰다. 묘청의 세력은 자비령慈悲嶺 이북을 차단하고 고려 서북 지역을 장악했다. 고려 조정은 김부식을 반란 진압군의 사령관으로 임명했다. 진압군은 서경성을 포위하고 1136년 2월에 총공격을 감행해 반란을 종식시켰다.

주동자들은 참수되어 3일간 거리에 효수되었으며, 생포된 자들은 심한 고문을 받았다. 이 중에서 가장 강하게 항거한 자는 '서경역적西京逆賊'이라는 네 글자를 이마에 새겨 해도海島로 귀양보냈다. 그 다음에 해당하는 자는 '서경' 두 글자를 새겨 향鄕과 부곡部曲으로 보냈다. 이자겸의 난과 묘청의 난을 거치면서 고려 사회에 문신형文身刑이 나

고려   143

타난 것이다.

인간의 살갗에 죄를 새기는 벌

고려에서 문신형은 사형을 제외하고 가장 강한 처벌이었다. 고려는 왜 죄인의 이마에 문신을 새겼을까? 브라이언 맥나이트*Brian Mcknight*는 문신형의 의미를 이렇게 분석했다. "죄인에게 스스로 죄를 부끄럽게 여기도록 한다. 범죄에 대한 유혹을 받는 사람의 범죄 심리를 억제시킨다. 영구적인 낙인을 가해 그들의 특성을 사회에 계속 알려 잠재적 범죄자로부터 사회를 보호한다."

중국 전근대 시기에는 태형笞刑, 장형杖刑, 도형徒刑, 유형流刑, 사형死刑이라는 형벌 체계가 있었다. 이른바 오형五刑이다. 중국의 오형 체계 이전에는 육형肉刑이 있었다. 육체에 직접 형벌을 가하는 방식으로 거세, 발 자르기, 코 베기, 문신 그리고 사형이 있다. 다섯 가지 형벌 모두 중형에 해당된다. 육형은 은殷에서부터 시작되어 한漢 초기까지 시행되었으나 너무 잔인하다고 여겨져 거의 폐지되고 대신 태, 장, 도, 유, 사 오형 체계로 나아가게 되었다.

육형 가운데 문신은 거세, 발 자르기, 코 베기와는 다르게 피부에 가하는 형벌이다. 문신은 영어로 타투*Tatto*라고 하는데, 남태평양 타히티족의 말인 타토우*Tattow*에서 기원한다. 살갗에 상처를 내거나 바늘로 찔러 물감이나 먹물로 글씨, 그림, 무늬를 새기는 것이다. 한자

전쟁 이후의 한국사

로는 입묵入墨, 자청刺青, 경면黥面, 자자刺字 등으로 불린다.

기원전 157년, 한 문제文帝가 육형을 폐지하면서 죄인에 대한 문신은 거의 사라졌다. 하지만 당 말기가 되면 문신이 다시 등장한다. 당을 이은 송 시기에 법규가 규체화되고, 요와 원, 명을 거쳐 청까지 이어진다. 문신이 공식적으로 폐지된 것은 20세기에 들어선 1905년의 일이다.

문신이 새롭게 활성화된 때는 당 말기 황소黃巢의 난 이후다. 강제 징집된 병사들의 도망을 막기 위해 문신을 새기기 시작한 것이다. 보통 얼굴에 부대명을 새겼다. 이후 죄인을 대상으로 얼굴에 문신을 새기기 시작했고, 송이 들어서면서 국가의 공식 형벌 체계로 제도화되었다.

군율軍律은 군대와 군인의 규율을 확립하기 위해 만든 법이다. 군율은 전투와 전쟁이라는 특수한 상황에서 적용되는 것이기에 독특한 성향을 띠게 마련이다. 전근대 시기 절대 다수의 군인은 강제 징집되었기 때문에 기본적으로 군대에 대한 거부감이 클 수밖에 없었다.

이러한 현실에서 이들을 움직이기 위해서는 강력한 군율이 필요했다. 기강을 강하게 세우기 위해서는 시간의 제한성을 극복하고 효과를 극대화해야 했다. 군율이 다른 율령에 비해 간소하고 상징적 경향을 띠는 것은 이런 이유 때문이다. 군율에 참수형이 상당한 비중을 차지하고 있는 것도 이런 맥락에서다. 병영에서 탈영하면 참수형을 받았다. 탈영으로 참수하기 전에 병사들의 얼굴에 부대명을 새겨 미연에 도망을 방지하고자 했던 것이다.

악모자자岳母刺字. 중국 이화원 장랑 들보 그
림 가운데 하나로 남송의 명장인 악비가 어
머니에게 '진충보국盡忠報國'이라는 문신을 받
는 고사를 묘사했다. 이를 통해 남송시대에
는 형벌로서가 아닌 신념이나 각오를 드러내
는 수단으로도 문신이 쓰였음을 짐작할 수
있다. 18세기 말 제작.

남송시대가 되면 경제가 발전하고 범죄유형도 다양화된다. 문신형을 받는 대상자가 늘어났고, 황제의 사면령으로 많이 풀려나기도 했다. 문신한 자들이 일상생활에 복귀하면서 문신의 낙인 효과는 줄어들 수밖에 없었다. 문신한 관리나 서리胥吏들이 다시 활동했다.

오히려 이 시기 백성들 사이에는 문신이 유행하기도 한다. 남송시대 전문적으로 문신을 해주는 장인을 침필장針筆匠이라 불렀다. 송 초기 문신형을 새롭게 부활시킨 법 취지는 무색해지고 말았다.

어수선한 세상에서 되살아난 문신

한국 고대에도 문신을 한 흔적이 남아 있다. 중국 사서《삼국지三國志》〈동이전東夷傳〉의 '마한조馬韓條'에 "그 남자들은 때때로 문신을 새기기도 한다"라고 되어 있고, 변진조弁辰條에는 "남자든 여자든 간에 모두 왜인들에 가깝게 또 문신을 새긴다"라고 되어 있다. 남쪽 경계가 왜와 가까워 몸에 문신을 했다고 한다. '왜인조倭人條'에는 왜의 문신 풍습이 비교적 자세히 묘사되어 있다.

왜국의 남자는 어른이든 어린이든 간에 모두 얼굴이나 몸에 먹물을 넣어서 문신을 만든다. 왜의 수인水人들은 물속에 들어가 물고기, 전복, 조개를 잡는데, 문신을 새기는 것 또한 큰 물고기나 물새가 싫어하게 하기 위한 것이었다. 후에 와서 차츰 장식으로 쓰게 되었다.

한국의 고대 역사를 기록한《삼국사기》나《삼국유사》에는 문신과 관련된 기록이 없다. 그런데《고려사高麗史》〈형법지刑法志〉에는 문신형에 대한 기록이 나타난다. "절도범이 귀양 중에 도망쳤을 때는 자자형刺字刑을 가해 육지와 멀리 떨어진 주현州縣으로 귀양을 보낸다." 절도범은 먼저 귀양을 보내는데, 이후 도망했을 경우 가중 처벌해 문신을 새겼음을 알 수 있다.

고대에 왜의 영향을 받아 행하던 문신이 점차 사라졌다가 고려시대에 다시 등장한 것이다. 이는 당시 중국 송의 문신형 공식화와 맞물린다. 1085년, 송 신종 때가 되면 죄목에 따른 문신의 모양과 부위가 구체화된다.《송사宋史》〈형법지刑法志〉에는 다음과 같이 되어 있다.

도적질은 귀 뒤에 둥근 모양으로 자자刺字하고, 도형徒刑과 유형 流刑 판결을 받은 자는 네모 모양으로 하며, 장형이 더해진 자는 원환圓環을 한다. 세 번 장형을 범한 죄인은 얼굴에 옮겨 새기되, 절반(오분五分)을 넘길 수 없다.

도둑질을 하게 되면 귀 뒤에 둥근 원 모양을 문신으로 새겨 넣고, 중형을 받은 자는 네모 모양을 새겨 넣었음을 알 수 있다. 장형을 받은 자에게 시행하는 '원환'은 원 안에 다시 네모 모양으로 문신을 새겨넣은 것으로 풀이된다. 3번 이상 중형을 받은 자는 귀 뒤가 아니라

얼굴 전면에 문신을 새겼다. 다만 이때 문신의 범위가 얼굴의 반을
넘기지는 않았다.

1123년 송의 사신 서긍徐兢이 고려를 방문하고 난 후 작성한《고려
도경高麗圖經》에는 "동이東夷의 풍속은 머리를 자르고 문신을 하고 이
마에 그림을 새기고 양반다리를 한다"고 되어 있다. 당시 고려에서
전반적인 풍속은 아닐지라도 적지 않은 사람들이 문신을 했음을 짐
작할 수 있다.

고려의 경우 잦은 외침과 원정을 반복했기 때문에, 대규모 병력을
동원하는 사례가 많았다. 그 과정에서 군법을 어기거나 반역하는 경
우가 많았으며 그에 따른 인력 손실도 컸다. 이러한 손실을 막고자
마련한 군율에서 가장 극형인 사형은 역설적이게도 노동력 자체를
소멸시켜 버린다. 고려시대에는 장정들의 노동력을 보존할 수 있는
사형 바로 밑 단계인 문신형이 선호되었을지도 모를 일이다.

무신정변 이후,

연 주 현 씨 의 등 장

고려 중기 개성의 문벌 귀족들에게 권력과 부가 집중되는 과정에서 무신들은 철저히 소외되었다. 광종 대부터 과거제도가 시행되면서 문신의 위상이 높아지고 군사지휘관도 문신이 담당했다. 거란과 여진의 침입이 잇따랐고 내부 반란도 지속되었지만, 무신들의 처우는 개선되지 않았다.

1170년 의종이 문신들과 화평재에 행차해 연회를 열었는데, 호위를 담당한 무신들에게는 음식도 제대로 제공되지 않았다. 다음날 왕과 문신들은 다시 보현원에 행차해 연회를 열었고, 수박희手搏戱 경기가 벌어졌다. 대장군 이소응이 젊은 장교에게 패하자 문신 한뢰가 이소응의 뺨을 때렸다. 이 사건을 계기로 무신들은 궐기해 문신들을 처단하고 궁궐을 장악한 후 의종을 폐위시켰다. 이로부터 100년간 무신 정권이 이어졌다.

1170년 8월 30일

보현원에서 무신들이 정변 시도. 무신정권의 시작.

"한뢰는 친한 환관에게 의지해 몰래 왕의 침상 아래 숨었다. 정중부가 말하기를, '화의 근원인 한뢰가 아직 곁에 있으니 그를 참할 것을 청합니다'라고 했다. 한뢰가 왕의 옷을 잡고 나오지 않자 이고가 또 칼을 뽑고서 그를 위협하니 곧 나왔으므로 즉시 그를 죽였다."
《고려사절요》

1176년 6월 13일

윤인첨, 서경을 공략. 조위총을 처형한 다음 고려 조정에 승전을 보고.

"무신들의 세상에 반대한다!"

1170년 무신정변이 발생했다. 문신 우대와 무신 차별에 대한 반발로 무신들이 국왕을 몰아내고 권력을 잡았다. 하지만 오래지 않아 무신 정권은 김보당의 난과 조위총의 난을 진압해야만 했다. 반무신反武臣 반란이 일어난 것이다.

1173년에 발생한 김보당의 난은 동계東界 일부 지역을 중심으로 무신정권에 반발했지만 곧 진압되고 말았다. 하지만 1174년에 발생한 조위총의 난은 서경(평양)을 중심으로 북계北界 40여 성과 동계 20여 성이 동조해 2년간 지속되었다. 한때 수도 개경을 위협할 정도로 막강한 반란이었다.

대체로 북계는 오늘날 평안도 지역이며 동계는 오늘날 함경도 지역으로, 군사권이 강화된 특수행정구역이었다. 이들 지역을 중심으로 반무신 반란이 일어난 것이다. 북계와 동계의 군사력을 아우른다면, 무신정권의 안위도 장담하기 어려웠다.

조위총은 북계와 동계의 여러 성에 격문을 돌렸다.

소문에 따르면 개경의 중방重房에서 북계의 여러 성들은 거칠고 사나운 무리를 많이 거느리고 있어 토벌해야 한다고 논의하고 이미 많은 병력을 동원했다고 하니, 어찌 가만히 앉아서 스스로 죽을 수 있겠는가? 각자 군사와 말을 규합해 빨리 서경으로 달려와야 한다.

당시 북계 거의 대부분의 성들이 조위총의 반란군에 합류했다. 그런데 연주延州성만 예외였다. 연주는 현재 평안북도 영변지역으로 청천강 중류 북안에 위치하고 있다. 조위총은 수차례 첩문을 보내 회유하기도 하고, 직접 군사를 보내 공격하기도 했다. 하지만 조위총의 연주 공격은 번번이 실패했고, 조위총군의 발목을 잡았다. 서경에서 수도 개경으로 남하하려는 조위총군의 후방에 가시 같은 연주가 남아 있었던 것이다. 연주는 북계와 동계를 연결하는 청천강 중류역에 자리 잡고 있었고, 청천강 이북의 북계 여러 성들에게 적지 않은 영향을 미쳤다.

결국 조위총은 자신의 심복을 청천강 남안의 연주漣州에 배치했다. 연주漣州는 지금 평안남도 개천 지역으로 연주延州를 견제할 수 있는 위치였다. 즉 청천강을 사이에 두고 북쪽의 영변과 남쪽의 개천에서 서로 대립했던 것이다. 이로 인해 조위총은 반란 초기 개경 공략에 전력을 투입하기 어려웠다.

연주와 연주의 충돌

개경 정부군 입장에서도 연주延州의 중요성을 잘 알고 있었다. 청천강 북쪽의 연주를 견제하기 위해 청천강 남쪽의 연주漣州에 적지 않은 조위총군이 주둔하고 있었기 때문에 이들을 제거한다면, 연주의 상징성과 영향력은 더 커지게 마련이었다. 당시 개경 정부군의 사령관 윤인첨은 연주連州에 조위총군의 심복이 주둔하고 있음을 인지한 후 여러 장수늘에게 다음과 같이 말했다.

내가 들으니 이끌고 가야 할 자는 안에서부터 친근하게 해야 하고, 반역자를 토벌할 때는 그 가지부터 꺾어야 한다고 했다. 만약 우리가 서경을 먼저 공격한다면 연주連州에 있는 자들이 북인北人을 꾀어 함께 우리를 협공하게 될 것이다. 우리는 앞뒤로 적을 상대하게 될 것이니 이는 좋은 계책이라고 할 수 없다. 지금 연주는 서도西都를 믿고 우리가 갑자기 당도할 것을 생각하지 않고 있을 것이니, 마땅히 먼저 연주를 공격해야 한다.

윤인첨은 정세를 정확히 파악하고 있었다. 개경 정부군과 서경 반란군의 전투에서 북인, 즉 북계와 동계의 지원병력이 변수가 된다고 보았다. 북계와 동계의 지원병력을 차단하기 위해서는 연주連州를 타격할 필요가 있다고 주장했다. 또한 서경의 경우 방어가 견고하기 때문에 상대적으로 약한 세력부터 제거해야 한다고 판단했다.

윤인첨의 정부군은 서경이 아니라 연주連州로 향했다. 연주에 도착한 정부군은 서너 달 동안을 포위했다. 연주에서는 서경에 구원군을 요청할 수밖에 없었다. 하지만 윤인첨은 서경의 움직임을 예상하고 있었고, 서경의 구원군이 북상하는 길목을 차단했다. 샛길을 이용해 서경의 구원군을 격파해 1,500명을 목 베고 220여 명을 사로잡았다. 또 망원茶院에서 서경의 구원군을 급습해 700여 명을 목 베고 60여

공민왕릉 앞에 세워진 문인석과 무인석. 문신들의 석상이 상단에 위치해 있다.

명을 사로잡았다.

　서경의 구원군은 약 2,500명의 손실을 입었다. 하지만 연주連州는 쉽게 항복하지 않았다. 이때 정부군의 후군총관後軍摠管 두경승이 우회해 동계지역을 평정하고 연주連州에 도착했다. 두경승은 연주성 동북쪽에 토산을 쌓아 공격의 발판으로 삼은 다음 그 토산 위에 포노砲弩 같은 대형무기를 설치하고 연주성을 공격함으로써 함락시켰다. 연주가 함락되자 북계의 여러 성들이 한꺼번에 정부군에 투항했다.

　두경승이 연주성을 함락시켰을 때의 일이다. 병사들이 성안으로 들어가 재화와 보물들을 함부로 취하자 두경승이 이를 금지시켰다. 다만 가마솥을 가져가는 것은 허락했다. 연주성을 함락시킨 개경 정부군은 남하해 서경을 공격했지만 쉽게 함락되지 않았다. 이때 요긴하게 사용된 것이 바로 연주성에서 가져온 가마솥이었다. 훌륭한 취사도구가 되었던 것이다. 병사들은 이를 두고 "공의 계책이 참으로 원대합니다"라고 했다.

현씨들은 왜 동조하지 않았을까?

1176년 윤인첨과 두경승이 남하해 서경을 공략했다. 윤인첨이 통양문通陽門를 공격하고, 두경승이 대동문大同門을 공격해 깨뜨렸다. 성안으로 진압해 조위총의 목을 베고, 그를 따르던 지휘부 10여 명을 사로잡았다. 그 외의 사람들은 모두 위무慰撫해 안정시켰다. 조위총의 머리는 함에 넣어 병마부사兵馬副使 채상정을 통해 먼저 개경으로 보내 승리를 알렸다.

조위총의 반란 실패는 여러 요인이 있겠지만, 반란 초기 연주延州가 합류하지 않은 점이 결정적으로 작용했다. 당시 연주延州를 지킨 이는 현담윤과 그의 아들 현덕수였다. 현덕수가 아버지 현담윤과 함께 처음 연주성에서 결의할 때 여러 장수들에게 다음과 같이 얘기했다.

옛날 거란의 소손녕이 우리를 침범했을 때 성들이 모두 항복했으나 우리 주만은 의젓이 굳게 성을 지켜 그 공적의 기록이 왕부에 보관되어 있다. 지금 조위총이 화를 일으킬 마음을 품고 왕명을 거역하니 천지가 용납할 수 없는 바다. 진실로 마음에 충의를 품은 사람이라면 어찌 차마 그를 따르겠는가?

현덕수는 어릴 때부터 총명해 연주延州 분도장군分道將軍 김치규의 눈에 띄었다. 그를 따라 개경으로 가서 학문을 배우고 여러 차례 과거에 응시했다 실패한 경험이 있었다. 이러한 배경에서 개경의 상황을 잘 이해하고 있었다고 볼 수 있으며, 결의 초기 소손녕의 예를 든 점에서 출세에 대한 욕심이 있었던 것도 분명한 듯하다. 하지만 북계 40여 성이 모두 조위총의 편에 선 시점에서 홀로 개경 정부 편을 들었다는 것은 예사롭지 않다.

당시 조위총이 정예병 만 명을 보내 연주延州를 공격하겠다고 협박하자, 현덕수는 조위총의 공문을 가져온 자를 베어버렸다. 이에 조

전쟁 이후의 한국사

위총은 일부 병사를 연주連州로 보내 다시 공문을 전했다. 이미 청천강에 여러 병사들이 이르렀고 곧 공격해 함락시켜버리겠다는 내용이었다. 이로 인해 성안의 민심이 어지러워졌다.

이때 현덕수는 맹주猛州의 군관이 보낸 편지를 거짓으로 만들었다. 가짜 편지를 몰래 성밖 백성에게 전하고 다시 성안으로 던져 넣게 했다. 편지 내용은 개경의 대규모 부대가 이미 철령을 넘어 동계에서부터 곧 서경을 공격할 것이며, 조위총에게 속은 자들은 경솔히 군대를 움직이지 말라는 내용이었다. 성안의 사람들은 이 편지를 철썩 같이 믿고 현덕수를 따라 성문을 굳게 닫았다.

결국 조위총의 난은 정부군에게 진압되었고, 연주延州를 지킨 현씨들은 관직으로 나아갔다. 이들이 바로 연주 현씨의 시조이자, 모든 현씨의 조상이기도 하다. 연주의 현씨들이 왜 조위총에게 협력하지 않았는지는 아직도 미스터리다.

다만 이들이 흔들리지 않고 굳건했던 까닭은 당시 개경 정부군과 사전 교감이 있었거나, 서경 반란군의 약점을 알고 있었기 때문으로 추정할 뿐이다.

고려와 몽골과의 전쟁 이후,

삼 별 초 의   항 쟁   시 작

몽골 초원에서 테무진이라는 지도자가 나타나 1206년 부족을 통일하고 칭기즈칸에 즉위했다. 몽골은 1211년 금金을 공격해 1214년 수도를 함락하고 북중국을 차지했다. 이후 서방 원정에 나서 페르시아 지역과 동유럽을 점령해 유럽을 공포에 떨게 만들었다.

1227년 칭기즈칸이 사망하자 1229년 오고타이(재위 1229~1241)가 몽골의 칸이 되었다. 세계제국을 건설한 몽골은 고려에도 침입했다. 침략의 명분은 1225년 몽골 사신 저고여가 피살된 사건이었다. 몽골의 고려 침입은 1231년 1차 침입, 1232년 2차 침입, 1235년 3차 침입, 1247년 4차 침입, 1253년 5차 침입, 1254년 6차 침입 등 크게 여섯 차례에 걸쳐 이뤄졌다. 증원부대나 별동부대의 움직임까지 포함하면 몽골의 침입 횟수는 더 늘어난다.

전쟁은 30년간 장기화되었고 고려는 피폐해졌다. 결국 1270년 고려의 원종이 무신정권을 무너뜨리고 개경으로 환도하기에 이른다.

1224년 12월

몽골 사신 저고여, 압록강 일대에서 피살. 몽골의 고려 침입 시작.

"저고여가 고려에 사신으로 갔으나 도적이 길에서 그를 죽이니, 이로부터 7년간 사절 왕래가 끊겼다."《원사》

1270년 5월 23일

재추들이 환도를 결의했으나 삼별초가 명령을 거부하고 강화에서 항쟁 시작.

"배중손과 노영희 등이 삼별초를 거느리고 반란을 일으켰으니, 왕온을 협박해 왕으로 세우고 관부官府를 설치했다."《고려사》

과학기술의 발달로 전 세계에 걸친 식민지 경영이 가능했던 대영제국을 제외하면 인류사에서 사실상 가장 큰 제국을 건설한 이들은 몽골이다. 이들은 장기인 기마를 바탕으로 유라시아 대륙의 대부분을 장악했다. 즉 몽골기병이 몽골제국을 건설했다고 해도 과언이 아닐 것이다. 몽골의 침략을 받은 고려도 몽골기병의 쇄도를 피할 수는 없었다.

1225년 몽골 사신 저고여著古與 일행이 귀국하다 압록강 일대에서 살해되었다. 몽골은 이 사건을 구실로 1231년부터 수십 년에 걸쳐 고려를 침입했다. 고려는 기병이 장기인 몽골에 대항하기 위해 '해도입보海島入保' 전략을 취했다. 한마디로 육지에서 전투를 회피하고 섬으로 들어가 지키는 전략이다.

입보령入保令이 5도 양계에 내려져 상당수 백성들이 섬이나 산성으로 들어갔다. 고려의 경우 서남해를 중심으로 수천 개의 섬이 존재하고, 해로를 이용한 조운漕運이 발달했으며, 선박이 많고 수군도 강한 편이었다. 고려 정부는 수도를 개경에서 강화도로 옮기고 장기전에 대비했다.

수전에 약한 몽골군은 강화도를 점령하지 못했고, 대신 끊임없이 고려 조정의 개경 환도를 요구했다. 강화도와 김포반도 사이에는 좁고 긴 염하수로鹽河水路인 강화수로가 있어 강화도 진입이 어려웠다. 염하수로는 밀물과 썰물 때 조류가 빠르다. 최대 유속은 1초당 약

140.9센티미터에 달하며, 최대 조차는 6.7미터에 달한다. 염하수로의 주 수심 또한 6미터이며, 그 지형 특성상 수로 흐름이 상당히 복잡하다.

이에 따라 일반적으로 염하수로가 천혜의 자연 해자가 되어줬기 때문에 강화도가 몽골군에게 점령당하지 않았다고 인식되고 있다. 다시 말해 몽골기병이 수전에 약해서 강화도를 점령하지 못했다고 여기고 있는 것이다. 그렇다면 과연 몽골 수군의 수준은 어떠했을까?

당시 중국 북부 지역과 서부 초원지대로 향하는 몽골기병을 막아설 세력은 없었다. 몽골기병의 진격은 말 그대로 파죽지세였다. 하지만 이들이 중국 내부로 향하면서 큰 강이라는 장애물을 만나게 된다. 몽골군은 소규모 선박을 동원해 소규모 수전을 벌이기는 했지만

〈몽고습래회사蒙古襲來繪詞〉권2 가운데 여몽연합군과 일본군 간의 수전을 그린 부분.
좌측이 몽골과 고려 수군이다. 1293년 제작.

그 수준이나 성과는 형편없었다. 후금_{後金} 멸망 후 몽골과 남송의 대결은 점점 빈번해졌다. 남송은 회수_{淮水}와 장강_{長江} 등 큰 강과 수군에 의지해 몽골군의 남하를 저지했다. 남하가 저지된 몽골군은 수군을 새롭게 편성할 필요성을 느끼게 된다.

몽골은 수군도 약하지 않았다

1232년 하북성 패주_{霸州} 동쪽에 있던 장진_{張進}이 수군을 거느리고 몽골에 항복했다. 몽골 역사상 본격적인 수군이 처음 탄생하는 순간이었다. 다만 2년 후 장진이 전사하고 그 아들이 수군을 이끌었을 때에

도 여전히 실력은 보잘 것 없었다.

1238년 몽골군 장수 해성解誠이 남송의 선박 천여 척을 탈취했고, 그 공으로 수군만호水軍萬戶 겸 도수감사都水監使로 임명되었다. 이를 계기로 몽골의 수군이 비로소 구비되었다고 할 수 있다. 몽골은 남송과의 거듭된 전투를 통해 수전을 익혀나갔다. 여러 번 승리를 거두면서 적을 때는 수십 척에서 많을 때는 수백 척의 남송 선박을 노획했다. 1258년에는 사천택史天澤이 가릉강嘉陵江에서 천 척을 동원해 남송의 수군과 세 번 싸워 세 번 모두 이기기에 이른다.

몽골의 수군은 쿠빌라이칸(재위 1260~1294) 즉위 이후 크게 발전했다. 쿠빌라이칸은 1259년 형 몽케가 사천四川에서 사망하자 권력을 장악하고, 칸의 자리에 올랐다. 쿠빌라이칸은 남송을 멸망시키기 위해 수군의 필요성을 절감했다. 부하들에게 수전을 익히게 했으며 수군을 확충해 나갔다. 1268년에 이르러 몽골군은 남송 북부에 대한 대규모 공격을 시작했고, 수군 확충 속도에도 박차를 가했다.

몽골이 수군을 강화하는 데 부단한 노력을 기울인 결과, 1270년이 되면 전함 5,000척을 건조하고 수군 7만 명을 조련할 수 있게 된다. 이어서 3년 후인 1273년에는 전함 2,000척을 건조하고 수군 5만 명을 조련했으며, 다시 2년 후에는 전함 800척을 추가로 건조했다. 이제 몽골의 수군은 16만 명에 달했으며, 전함은 만 척에 이르렀다. 이렇게 수군력을 강화하는 데 성공한 몽골군은 1276년 장강을 건너 남송의 수도 임안臨安을 함락하고, 1279년에는 남송 전역을 장악했다. 몽골이 수군을 편성한 지 무려 40여 년이 지난 시점이었다.

거대제국을 건설한 몽골을 맹목적으로 과대평가해서는 곤란하다. 그러나 감상적으로 몽골의 전투력을 무시하고 고려를 치켜세우는 것 또한 문제가 될 수 있다. 강화도가 전략요충지인 것은 분명한 사실이지만, 결코 난공불락의 철옹성이라고 보기는 어렵다. 남송을 공략할 당시 몽골군이 건넌 장강 하류의 폭은 10킬로미터에 달한다.

몽골의 침입으로 육지는 유린되었지만 강화도의 고려 정부는 항복하지 않았다. 고려의 해도입보 전략을 깨부수기 위해서는 몽골도 전략을 변화시켜야만 했다. 몽골 장수 차라대車羅大는 선박을 확보해 고려의 섬을 공략했다. 강화도로 이어지는 조운로를 차단해 고려 조정을 압박하기 위함이었다.

1256년 몽골군에 투항했던 윤춘이 다시 고려로 귀순해 왔다.《고려사절요》에 기록된 윤춘의 말에 따르면, 차라대가 수군 70척을 거느리고 배에 기치旗幟를 가득 세우고 압해도押海島를 공격하고자 했다. 당시 압해도에 있던 사람들은 큰 함선에 대포 두 대를 설치하고 막았다. 양군이 서로 대치한 채 충돌까지는 이르지 않았다. 차라대는 윤춘에게 "우리 배가 포격을 받으면 반드시 부서질 것이니 당해낼 수 없다"고 말했다. 차라대가 장소를 옮겨 공격하려 했으나, 압해도 사람들은 곳곳에 대포를 갖춰 대응했다. 결국 수군을 이용한 몽골의 공격은 좌절되었다.

차라대가 공격을 시도한 압해도 부근은 오늘날 전남 신안군이 위치한 곳이다. 당시 몽골군이 섬이 많고 배가 많은 서남해에서 수군을 편성했음을 알 수 있다. 당시 몽골군의 선박 크기나 장비는 부실했던 것 같다. 고려의 대포 몇 문에 상륙을 하지 못했던 정황으로 짐작할 수 있다. 70척에 달하는 선박도 함선이라기보다는 주변의 민간 선박을 긁어모았을 가능성이 크다. 압해도 공격 실패 후 몽골군 내부에서 북쪽으로 철수하자는 견해가 대두될 정도로 실패한 작전이었다.

하지만 몽골군이 기병이 아닌 수군을 이용하려 했던 점은 주목할 필요가 있다. 1256년 10월 몽골군 60명이 애도艾島를 침입했다가 고려군에게 격퇴되었고, 1257년 8월에는 몽골군이 신위도神威島를 공격해 함락시켰다. 1258년 9월에는 몽골 병선 여섯 척이 창린도昌麟島를 공격했다가 고려군에게 격퇴되었다. 창린도는 황해도 남단에 위치한 섬으로 강화도와 그리 멀지 않다. 서해안 일대에서 몽골 수군의 활동이 두드러지기 시작했다고 볼 수 있다.

당시 남송을 공격하던 몽골군이 1250~1260년대에 걸쳐 수군을 크게 정비했던 사실을 상기해 보자. 비슷한 무렵 고려를 공격하던 몽골군도 규모는 작지만 수군을 정비해 나갔다. 몽골군의 병력 부족과 보급 문제가 어느 정도 해결되고 선박의 확보와 조련이 진행되면서 강화도의 고려 정부는 압박을 받을 수밖에 없었다. 고려와 몽골 간의 강화 협상도 변화를 맞게 되었다.

1259년 고려의 태자는 몽골의 쿠빌라이칸을 만나 강화를 성립시켰다. 하지만 1264년 몽골이 고려 국왕의 친조親朝를 요구하자 다시 여론이 악화되었다. 이 무렵 무인 집권자였던 김준이 살해되고 임연이 권력을 장악했다. 1269년 임연은 임의대로 고려 국왕 원종을 폐위시켜 버렸다. 당시 몽골에 가 있던 태자(충렬왕)은 몽골에게 지원을 요청했고 몽골은 원종의 복위를 인정했다. 결국 궁지에 몰린 임연이 1270년 사망하고 개경 환도가 결정되었다. 고려 조정은 강화도를 나와 개경으로 돌아가기로 했고, 이에 반발한 삼별초三別抄는 남쪽 진도로 내려가 대몽항쟁을 지속했다.

삼별초는 진도에 용장성을 쌓아 새로운 거점으로 삼고, 원종의 고려 정부를 부정했다. 한때 삼별초는 서남해안의 해상권을 장악하며 고려 정부를 위협했다. 1271년 여몽연합군의 공격으로 진도가 함락되자, 제주도로 거점을 옮겨 항쟁을 지속했다. 하지만 1273년 여몽연합군의 공격으로 제주도마저 함락되면서 삼별초는 역사속으로 사라졌다. 삼별초를 진압한 여몽연합군은 다시 일본으로 눈을 돌렸다.

삼별초의 항쟁 이후,

수 탈 당 하 는   고 려

삼별초는 무신정권의 권력 기반이었다. 1270년 무신정권
이 몰락하고 고려 정부가 강화도에서 개경으로 환도하자,
배중손이 이끄는 삼별초 세력이 이에 반발했다. 이들은 강
화도에서 배 천 척에 병력과 물자를 싣고 진도로 남하했다.
이후 승화후承化侯 온溫을 왕으로 추대하고 진도에 궁궐과 용
장산성을 쌓아 장기 항전에 대비했다. 삼별초는 한때 서남
해안을 장악하며 위세를 떨쳤지만, 고려 정부와 몽골의 연
합군에 의해 진압되었다.
진도에서 패한 잔존세력은 김통정의 지휘 아래 제주도로
이동해 다시 항전을 지속했다. 하지만 제주도의 삼별초도
1373년 여몽연합군에 의해 진압되었다. 삼별초가 진압되
자 곧이어 몽골은 일본 원정을 추진했다. 여몽연합군의 일
본 원정은 1274년과 1281년 두 차례 실행되었지만, 모두
실패로 끝나고 말았다.

1274년 10월 3일

여몽연합군, 일본 정벌을 위해 합포에서 출발.

"전함을 건조하는 데 장정들이 모두 공역에 징발되어 노약자들만 겨우 밭 갈고 씨 뿌리는 일을 하고 있습니다. … 만약 다시 일본 정벌을 일으킨다면 그에 필요한 전함과 군량은 실로 우리나라로서는 감당할 수 없습니다." 《고려사》

1280년 11월 1일

원의 행중서성에서 첩문 전달. 일본 원정 준비가 미진한 원인으로 합필적발도아를 지적.

"관군두목管軍頭目들이 직접 관리하는 군인이 아니라 해서 마음을 써서 돌보지 않았기 때문일 것이다. 이들은 힘이 강하고 돈이 있는 자를 지정해 합필적발도아라고 이름을 붙인 다음 두목관령의 일을 맡기며 군중의 차사를 시키지 않는다." 《고려사》

"합필적발도아가 문제입니다"

1280년 11월 원의 행중서성^{行中書省}에서 첩문이 내려왔다. 일본 원정과 관련된 공문이었다. 1280년은 1274년 여몽연합군의 제1차 일본 원정이 실패하고, 제2차 원정을 준비하던 시기였다. 1274년 당시 여몽연합군 2만 5,000명이 전선 900척에 승선해 일본을 원정했다가 실패한 바 있다.

제2차 일본 원정은 보다 치밀히 준비할 필요가 있었다. 제1차 일본 원정 중에는 도망가거나 군역을 빠져나간 인원이 많았다. 추밀원은 이러한 상황을 원 황제에게 보고하고 그 이유를 파악했다. 기본적으로 병력을 분산해 주둔시켰고 그 과정에서 '합필적발도아^{合必赤拔都兒}'의 비중이 높았기 때문이라고 분석했다.

합필적발도아는 '합필적'과 '발도아'의 합성어다. 몽골어로 합필적은 '카비치'이고 발도아는 '바투르'라고 한다. 합필적발도아는 일종의 친위군으로서 고급 군관의 경호와 신변잡무를 담당하는 부대라고 이해된다. 중국측 사료인 《원사^{元史}》에는 합필적이라 기록되어 있고, 한국측 사료인 《고려사》에는 합필적발도아로 기록되어 있다. 《원사》에는 승상 백안이 합필적 2,500명을 인솔했다거나, 합필적 3,000명이 양주^{揚州}에 주둔했다는 내용 등이 남아 있다.

합필적발도아에 대한 기록은 단편적인데, 《고려사》 권29, 충렬왕 6년의 행중서성 첩문에 비교적 상세히 묘사되어 있다. 이 첩문을 통해 합필적발도아의 실체를 어느 정도 유추해볼 수 있다.

당시 고위 군관들은 대규모 합필적발도아를 사적으로 운용했다. 그러다 보니 합필적발도아는 원정이나 순찰 및 초병 임무 등 공역에 동원되지 않았다. 결국 공역은 합필적발도아를 제외한 나머지 병사들이 도맡아야 했고, 그들의 피로도가 가중되었다. 군대 내 합필적발도아의 비중이 높고 관리 체계가 미흡해 병사 통제가 제대로 이뤄지지 않았던 것이다.

당시 병사들의 처우는 열악했다. 군관들은 병사들이 출정해 포로를 잡으면 추분抽分이라 지목해 거둬들였고, 금전과 재물도 할당해 거둬들였다. 병사들이 좋은 말을 가지고 있으면 구실을 만들어 강제로 바꿨다. 병사와 말에게 지급되는 식량과 사료를 깎아버려 이들은 굶주리고 추위에 떨 수밖에 없었다. 또 병사들을 관공서의 공역에 빈번하게 동원하면서 그들의 상황이나 심정은 전혀 고려하지 않았다.

이뿐만이 아니었다. 군관들은 병사들이 병들면 제대로 치료해주지 않았고, 조금 호전되면 곧 중노동에 동원시켜 죽음에 이르게 만들었다. 병장기나 물품이 손상될 경우 미리 조사해서 보완하지 않고, 일이 생기면 그때서야 병사들을 다그쳐 결국 빚을 내서라도 보충하도록 만들었다. 이러한 폐단으로 인해 병사들이 도망가고 군역을 기피하게 되었던 것이다.

1280년 11월 행중서성의 첩문에는 이러한 폐단에 대한 보완책이 구체적으로 적시되었다.

· 출병했을 때 병사들이 노획한 사람, 가축, 기타 일체 물품은

전쟁 이후의 한국사

각각 노획한 자가 주인이 된다. 그 병사를 관할하는 군관들은 지목해서 억지로 거둬들여서는 안 되며, 또 죄를 뒤집어 씌워 협박으로 강탈해서도 안 된다.

· 병사의 말은 군관이 빌려도 안 되고 바꿔서도 안 된다. 또 병사의 말을 차출해 쇠약해져 죽게 만들어서도 안 되며, 말이 죽은 경우에 강제로 병사들이 빚을 내 이를 사서 보충하게 하는 폐를 끼쳐서는 안 된다.

· 군대 안에서 만약 병에 걸린 병사가 있으면 곧바로 유능한 의원이 진찰하도록 관리하고, 각 익翼에서 적당한 사람을 골라 간호한다. 그럴 때는 본익本翼에서 정원을 보충받게 하여 수령관은 그들이 본래의 직책에 구애받지 않고 전적으로 환자를 간호할 수 있도록 한다.

· 병든 병사가 회복했을 때 비로소 교대해 당번에 사역시키며, 그럴 때에는 즉시 그 숫자를 본익에 보고한다. 검열할 때에는 병으로 죽은 병사 수의 많고 모자람을 살펴 군의관의 상벌을 결정 및 시행한다.

· 병사가 전장에서 싸우다가 진영에서 죽으면 관할 군관이 사실대로 보고하고 이를 증명하는 서류를 갖추어 다시 상부로

"우리나라 자녀들이 서쪽(원)으로 들어가기를 거른 해가 없었다.
왕실과 같이 귀한 신분이라도 자식을 숨길 수 없고,
어미와 자식이 떨어지면 만남을 기약할 수 없다.
슬픔이 골수에 사무치고(통입골수痛入骨髓) 병들어 죽는 이도 한둘이 아니었으니,
천하에 지극히 원통한 일로 이보다 더한 것이 있겠는가."

—

딸을 원에 공녀로 보내게 된 슬픔으로 사망한 수령옹주의 묘지명. 당시 공녀 징발에는 왕족
도 예외일 수 없었다. 원 지배기 고려의 상황을 짐작케 하는 자료다. 1335년경.

보고해 관례에 따라 포상한다. 본호本戶의 군역은 예전 관례에 근거해 1년 동안 구휼하고, 병으로 죽은 자 또한 반년 동안 구휼해주며, 기한이 지나면 해당 군호軍戶의 다음 차례 장정을 군역에 보충한다.

· 병사와 말의 식량과 사료를 지급할 일이 생기면 역시 이미 위임한 믿음직하고 성실한 전량관錢糧官이 관리해 지급하게 함으로써 착복하지 않도록 한다. 만약 죽은 병사의 식량이나 죽은 말의 사료를 먹고 쓴 뒤 남은 것이 있으면 현재의 수량을 반납한다. 차출되어 나간 병사와 말의 식량과 사료는 회수해뒀다가 그들이 돌아오는 날까지 기다려 지급하고, 또 다음 달에 식량을 요청하는 병사들이 사용하게 해 사사로이 낭비하는 일이 없도록 한다.

착취를 위한 개혁

원 황제는 합필적발도아가 폐단의 근원으로 보고 다음과 같이 이에 대한 시정을 하명했다. 우선 합필적발도아의 인원 수를 도원수 100명, 부원수 80명, 사만호使萬戶 50명, 부만호副萬戶 40명 등으로 한정했다.

대관원大官員들이 점유하고 있는 합필적발도아 병사들을 주둔지

에서까지 자기 소속으로 간주해서 부려서는 안 된다. 성지聖旨가
도착한 날부터 모두 본익의 친관두목親管頭目에게 돌려보내 관리
하게 하고, 친관두목은 나머지 병사들과 함께 관리해 교대로 관
청의 사역에 충당하도록 하라. 출병할 때 합필적발도아 병사는
도착한 날 각 익의 병력 수를 점검한 후 선별해 징발하고, 귀환
할 때에는 전과 같이 각각의 본익으로 돌려보내도록 하라. 금후
에는 대소 관원들이 주둔한 곳에서 이전처럼 합필적발도아 병
사를 함부로 부려 나머지 병사들에게 손해를 끼쳐서는 안 된다.

합필적발도아 외에 군대 자체가 민간에 피해를 입히는 사례도 예
방해야만 했다. 여몽연합군의 일본 원정을 위한 선박 건조, 군량 비
축, 병기 마련 등 모든 것이 고려의 몫이었다. 출정을 위한 군대가 주
둔하면서 민간 피해도 이루 말할 수 없을 정도였다. 1280년 11월의
첩문에 나타난 대민 금지행동을 통해 군대의 폐해를 역추적해 볼 수
있다.

당시 군인들은 새롭게 귀부한 관리와 일반민의 가옥을 점탈하고
사방에 분산해 주둔하며 민호民戶를 속이고 억압했다. 귀부한 관리와
일반민의 자택, 점포, 재산, 토지를 강제로 빼앗고 꽃, 과일나무, 소나
무, 대나무 등의 나무들도 점탈했다. 일반 민의 집이나 분묘를 훼손
하기도 했다.

또 군관과 군인들은 자신의 힘을 믿고 다른 사람의 처와 딸을 강제
로 취했다. 가축을 방목해 백성들의 곡식을 짓밟거나 과일과 오디를

따먹었다. 백성들의 집에서 술과 음식을 취하고 돼지, 닭, 거위, 오리 등을 잡아먹고 백성들의 재물을 칼로 위협해 약탈했다. 관리와 군인들이 차, 소금, 술, 세국稅麴 등 금지 물품을 함부로 다루기도 했다. 여몽연합군은 앞서 삼별초를 진도와 제주도에서 진압하고 일본 원정을 추진했다. 하지만 합필적발도아로 표출되듯이 몽골군의 횡포와 폐단은 끊이지 않았다. 일본 원정의 시작 전부터 이미 패전의 싹이 움트고 있었는지도 모른다. 일정한 대우나 명분 없이 강제와 강압에 의해 동원하는 병력에는 한계가 있기 마련이다.

1280년 첩문을 통해 일련의 통제와 원정 준비를 마친 여몽연합군은 이듬해 일본으로 출정했다. 1281년 여몽연합군 4만 명이 전선 900척에 승선해 일본으로 향했고, 중국 강남에서는 범문호가 이끄는 10만 명이 전선 3,500척에 승선해 일본으로 향했다. 하지만 여몽연합군의 제2차 일본 원정도 실패로 끝이 났다. 이후에도 원 황제는 다시 일본 원정을 추진하고 포기하기를 반복했다. 1294년 원 황제 쿠빌라이칸이 사망하면서 일본 원정 계획은 완전히 폐기되었다.

3부

조선,
전쟁 이후의
역사들

황산전투 이후,

위 화 도 회 군

고려 말 왜구 침입은 극에 달했다. 특히 1380년 8월 고려
를 침입한 왜구는 무려 500척 규모였고, 승선 인원은 1만
5,000명 내외로 추산된다. 왜구는 금강 하구에 선박을 정
박한 후 상륙해 내륙을 약탈했다. 고려는 나세, 최무선, 심덕
부 등을 보내 화포를 이용해 왜구의 선박들을 불살라버렸
다. 하지만 왜구 상당수는 상륙해 있었고, 이들은 금강을 따
라 상류로 북상하며 노략질을 이어나갔다.

왜구는 내륙으로 소백산맥을 넘어 경상북도 상주를 점령하
고 다시 남하해 성주를 침략한 후 경상남도 함양으로 이동했
다. 그리고 함양에서 고려군과 전투를 벌인 후 다시 소백산
맥을 넘어 전라도로 들어갔다. 왜구는 전라북도 남원의 인월
에 주둔했고, 고려군은 이들을 압박하면서 포위망을 형성했
다. 결정적으로 이성계의 증원부대가 도착해 황산荒山 일대
에서 왜구를 공격했다. 그럼으로써 1380년 9월, 이성계가
이끄는 고려군은 지리산 부근 황산에서 왜구를 섬멸했다.
이 전투의 결과로 고려 말 극심했던 왜구 침입은 잦아들게
되었고, 이성계는 무장으로서 전국적 명성을 얻게 되었다.

1380년 9월

이성계, 황산에서 왜구를 섬멸. 황산전투.

"적의 정예병은 모두 죽고 통곡하는 소리는 만 마리의 소가 우는 것과 같았다. … 마침내 대파하니, 시냇물은 붉어져 육칠 일이 지나도록 색이 변하지 않아 그릇에 담은 다음 오래 가라앉힌 뒤에야 마실 수 있었다. "《고려사절요》

1388년 5월 22일

이성계, 요동 공격을 포기하고 위화도에서 회군.

"이성계가 말했다. 만약 상국의 국경을 침범한다면 천자께 죄를 얻을 것이니, 종사와 백성의 화가 곧 닥칠 것이다. 나는 회군을 청했으나 왕은 살펴보지 않고 최영은 또한 노쇠해 듣지를 않으니, 어찌 경들과 함께 왕을 뵙고 친히 화와 복을 아뢰며 왕 곁의 악한 자를 제거해 생령을 편안히 하지 않겠는가."《고려사절요》

위화도에서 회군한 네 가지 이유

1388년 5월 22일, 이성계 장군이 이끄는 요동 원정군이 위화도에서 회군했다. 이들은 6월 3일 개경을 함락하고 최영 장군을 유배보냈다. 1392년 7월 17일, 이성계가 고려 왕조를 대신해 조선 국왕으로 즉위했다. 위화도 회군에서 즉위까지 장장 4년 2개월이 걸렸다. 그럼에도 '역사상 가장 오래 걸린 쿠데타'라고 하지는 않는다. 왜일까?

위화도 회군은 '천명天命'에 따른 '혁명革命'이라는 이미지가 강하기 때문이다. 당시 고려 우왕을 따르던 신하들과 백성들이 회군하는 군사들을 환영했고 술과 음식을 내놓으며 마중하는 사람들이 끊이지 않았다고 한다. 《고려사》 권137에는 다음과 같이 기록되어 있다.

회군하던 여러 장수들이 우왕을 급히 추격하기를 청했다. 하지만 이성계가 말했다. '속히 가면 반드시 싸우게 되니 사람을 많이 죽일 것이다.' 다시 군사들에게 경계하며 말했다. '너희들이 만약 국왕의 행차를 범하면 내가 너희들을 용서치 않을 것이다. 또한 백성들에게서 오이 한 개라도 강탈하면 처벌할 것이다.' 도중에 사냥도 하면서 일부러 천천히 행군했다.

고려 국왕을 배려하고 백성들의 피해를 최소화하려는 노력이 엿보인다. 고려의 신하들과 백성들이 이들을 환영한 것은 회군에 대한 명분이 있었기 때문이다. 회군의 명분은 사불가론四不可論에 잘 드러나 있다. 사불가론의 내용은 다음과 같다. 첫째, 작은 나라가 큰 나라를 칠 수 없다. 둘째, 농번기인 여름에 군사를 출동시킬 수 없다. 셋째, 대군이 원정을 나간 사이 왜적이 빈틈을 타 침입할 것이다. 넷째, 무더운 장마철이라 활의 아교가 녹아 풀어지고 대군이 전염병에 걸릴 것이다. 그럴 듯하다. 사불가론은 회군에 정당성을 부여했다.

하지만 사불가론은 군사적 관점에서 다시 살펴볼 필요가 있다. 첫째, 작은 나라도 기회가 된다면 큰 나라를 공격할 수 있다. 고구려-수 전쟁, 신라-당 전쟁, 발해-당 전쟁은 모두 작은 나라의 선제공격으로 시작되었다. 둘째, 장기 원정의 경우 군량의 현지 조달까지 감안하면 대개 봄이나 여름에 시작해 추수철인 가을까지 진행하는 것이 효율적이다. 고려의 요동 원정은 이동거리가 멀어 장기 원정이 될 가능성이 높았다. 셋째, 당시 고려 조정은 왜구의 침입에 대비해 황해도와 경기 지역의 병력은 출정시키지 않았다. 특히 예성강 일대의 방어를 강화시켜 놓았다. 넷째, 날이 더워 활의 아교가 녹고 풀어지는 것과 전염병 발생 가능성이 높아진 것은 적도 마찬가지다. 동일한 전투 환경이었다. 이렇게 볼 때 사불가론은 그렇게 설득력이 높지 않다.

비정상적으로 빨랐던 복귀 속도

위화도 회군 상황을 되짚어 보자. 1388년 고려 우왕은 5만 명에 달하는 요동 원정군을 편성하고, 최영을 팔도도통사八道都統使, 조민수

전쟁 이후의 한국사

를 좌군도통사左軍都統使, 이성계를 우군도통사右軍都統使로 인명했다. 최영이 출전하지 않아 조민수와 이성계가 이들을 이끌었다. 요동 원정군은 4월 18일 평양을 출발해 5월 7일 위화도에 도착했다. 이동에 약 20일이 소요되었다. 평양에서 위화도까지 거리는 약 200킬로미터이므로 하루 평균 10킬로미터 속도로 북상했다. 전근대 시기 군대의 행군속도가 하루 12킬로미터(30리)인 점을 감안하면 적정한 속도다. 군사 5만 명과 군마 2만 필에 달하는 대규모 원정군이었기 때문에 정상적인 행군 속도라고 할 수 있다.

요동 원정군은 위화도에서 보름간 머물렀다. 회군이 결정되자, 5월 22일 위화도를 출발해 6월 1일 개경에 도착했다. 그 이동에서 약 10일이 소요되었다. 위화도에서 개경까지 거리는 약 400킬로미터이므로, 하루 평균 40킬로미터의 속도로 남하한 셈이다. 북상할 때에는 하루 10킬로미터의 속도였는데, 남하할 때는 그보다 네 배 정도 빨랐다. 평양에서 위화도까지의 거리보다 두 배 먼 위화도와 개경 사이의 거리 400킬로미터를 단 10일 만에 주파한 것이다. 교통로와 보급 체계가 발달한 현대의 군인들도 하루 40킬로미터의 속도로 연속 10일 행군하는 것은 무리다. 이성계의 회군 속도는 비정상적으로 빨랐다.

이성계가 회군을 시작하자, 평양 인근에 머물고 있던 우왕은 급히 개경으로 돌아왔다. 이때 우왕을 따라온 자가 50여 명에 불과했다는 기록이 남아 있다. 이러한 사정도 이성계의 회군 속도가 비정상적으로 빨랐음을 시사하고 있다. 역사서에 나타난 "도중에 사냥도 하면서 일부러 천천히 행군했다"라는 문구 또한 거짓임을 알 수 있다. 그

조선 태조 어진에서 고종 어진까지.
태조 어진은 1872년(고종 9) 낡은 원본을 새로 그린 것이다.

렇다면 이성계는 왜 이렇게 서둘러 회군했던 것일까?

요동 원정군이 위화도에 주둔하고 있던 시점으로 돌아가 보자. 이성계는 요동 원정이 불가하다면서 우왕에게 두 차례 회군 요청을 했다. 하지만 우왕과 최영은 이를 허락하지 않았다. 이성계가 처음 회군을 요청한 시기는 5월 13일이다. 5월 13일은 양광도(오늘날 충청도)에 왜구가 대대적으로 침입한 시점이다.

양광도에 왜구가 침입하자 우왕은 수도 개경을 방어하던 5원수元帥를 남쪽으로 파견했다. 이들이 인솔한 병력은 대략 8,000명으로 추산되며, 수도 방어의 핵심 군사력으로 파악된다. 개경을 방어하던 8,000명이 부대를 편성하고 정비한 후 남하하려면 적어도 일주일은 소요되었을 것이다.

5원수가 이끄는 수도 방어부대가 양광도로 남하한 시점은 대략 5월 20일 전후였다. 이 무렵 이성계의 두 번째 회군 요청이 이뤄진다. 5월 22일, 이성계는 우왕에게 다시 회군을 요청했다. 하지만 첫 번째 회군 요청과는 달랐다. 국왕에게 회군 요청을 했으면 국왕의 답변을 기다리는 것이 당연하다. 이성계는 기다리지 않았다. 5월 22일, 회군 요청과 동시에 개경으로 남하를 시작했다. 그리고 하루 40킬로미터라는 엄청난 속도로 10일 연속 행군해, 6월 1일 개경을 포위하고 6월 3일 함락시켰다.

치밀하게 설계된 군사작전

이성계는 조선 창업 군주의 이미지가 강하지만, 실제로는 고려 말 최고의 무장이기도 했다. 1361년 독로강 만호 박의朴儀가 일으킨 반란을 진압했으며, 같은 해 직속부대를 거느리고 수도 개경을 점령한 홍건적을 격퇴했다. 이때 이성계의 나이가 스물여섯이었다. 이성계는 아버지 이자춘(1315~1361)이 사망한 후 그의 가별초家別抄 집단도 그대로 물려받았다.

1362년 쌍성총관부를 공격해 온 원 장수 나하추納哈出의 침입을 막아냈으며, 1370년 압록강을 건너 요동의 동녕부東寧府를 점령하기도 했다. 이후 수차례 왜구 침입을 막아냈으며, 1380년 지리산 일대 황산에서 대규모 왜구를 섬멸했다. 이 황산전투로 고려 말 왜구 침입은 잦아들었으며, 이성계는 전국적 명성을 얻었다. 이어서 1383년에는 대규모 기병을 이끌고 침입한 여진족 호바투胡拔都를 막아내기도 했다. 이성계는 내부 반란 진압은 물론 홍건적, 몽골, 왜구, 여진 등 동아시아 거의 모든 무장세력과 싸워 승리했다.

이성계는 5월 13일 양광도에 왜구가 침입하자 1차 회군 요청을 했고, 5월 22일 수도 방어군 주력이 남하했을 무렵 2차 회군 요청을 했다. 특히 2차 회군 요청 시에는 국왕의 명령을 기다리지 않고 그대로 남하했다. 이를 우연의 일치라고 보기는 어렵다. 이성계의 무장으로서 자질로 보아, 충분한 정보 수집과 의견 수렴을 거쳐 회군을 결단했던 것으로 여겨진다.

위화도 회군은 이성계의 야성이 잘 드러나는 장면이다. 위화도 회군을 장맛비로 인해 우발적으로 발생한 사건으로 보는 견해도 있다. 하지만 이는 무장 이성계를 과소평가하는 것이다. 이성계의 위화도 회군은 천명에 따른 혁명이 아니라 잘 짜인 군사작전이었다.

일본 전국 통일 이후, ——————————————————

임 진 왜 란 의   시 작

1392년 조선이 건국되고 200년이 흐른 후 1592년 임진
왜란이 발생했다. 일본의 전국시대를 통일한 도요토미 히
데요시는 명明을 정복하겠다는 야심으로 조선을 먼저 침략
했다. 임진왜란으로 조선 전토가 피폐해졌으며, 이를 기준
으로 한국사에서 조선을 전기와 후기로 구분할 정도로 사
회, 문화적으로 큰 영향을 끼친 사건이다.

1592년 4월 14일 조선에 상륙한 일본군은 파죽지세로 북
상했다. 일본군은 9부대로 편성되어 차례차례 투입되었다.
제1군은 고니시 유키나가小西行長가 이끄는 1만 8,700명
이었으며, 제2군은 가토 기요마사加藤淸正가 지휘하는 2만
2,800명이었고, 제3군은 구로다 나가마사黑田長政가 이끄
는 1만 1,000명이었다. 즉 1, 2, 3군 5만여 명이 일본군 주
력이었다. 제1군은 부산-양산-밀양-대구-선산-상주-문
경을 거쳐 소백산맥을 넘었다. 제2군은 부산-양산-언양-
경주-영천-의성-안동을 거쳐 소백산맥을 넘었다. 제3군은
김해-창원-창녕-현풍-성주를 거쳐 소백산맥을 넘었다.

1589년 11월 18일

조선 조정, 김성일과 황윤길을 조선통신사의 상사와 부사로 차출.

"상께서 이르기를, '황윤길은 평의지平義智(도요토미 히데요시)가 간사해 염려된다고 했으나, 김성일은 족히 염려할 것이 없다고 했다. 그대들은 수길秀吉(도요토미 히데요시)이 명을 병탄할 수 있다고 보는가?' 하셨다."《선조실록》

1592년 5월 3일

고니시 유키나가, 조선의 수도인 한성을 점령. 조선 선조, 몽진.

"윤두수가 아뢰었다. '고려 현종은 거란의 침입을 받아 나주羅州로 파천했으나 결국은 중흥을 이룩했습니다. 도성은 잃었지만 평양은 지킬 수 있습니다.'"《선조실록》

파도는 높고 거칠었다. 부산으로 들이닥친 파도는 순식간에 경상도 내륙으로 밀려들었다. 1592년 4월 13일 조선을 향해 출발한 일본군은 14일 부산을 공격했다. 4월 24일에는 상주까지 함락했다. 불과 10일 만에 경상도 전역이 일본군의 침략에 무너진 것이다.

임진왜란이 발발하자 조선 조정은 방어사령관을 임명했다. 경상도를 담당할 인물로 이일이 임명되었고, 하삼도인 충청, 전라, 경상 전체를 총괄하는 인물로는 신립이 임명되었다. 순변사巡邊使 이일은 4월 20일, 도변순변사都巡邊使 신립은 4월 21일 한양을 출발했다. 이일의 목표지는 대구였다. 하지만 일본군의 북상 속도가 너무 빨랐다. 이일이 출발할 무렵 일본군은 이미 대구로 들어서고 있었다.

이일은 60여 명을 거느리고 길을 재촉했다. 그가 상주로 내려온 시기는 4월 23일이었다. 제승방략에 따라 대구로 집결했던 경상도 군사들이 이미 흩어진 뒤였다. 일본군이 대구를 장악했다는 소식을 들은 이일은 대구로 갈 수 없었다. 결국 상주에서 일본군과 결전을 벌이기로 결심했다. 이일은 권길, 김준신, 변유헌 등에게 명해 흩어진 군사와 백성들을 불러 모으게 했다. 이렇게 해서 모인 병력은 500명 정도였다. 여기에 함창의 관군이 합류해 전체 병력은 700명 정도로 늘어났다. 4월 25일 아침에는 충청방어사 변기와 종사관 이경류 등 100여 명이 상주로 달려와 합류했다.

류성룡의《징비록懲毖錄》에 따르면, 이일이 한양에서 인솔해 간 병력과 상주 인근에서 불러 모은 병력은 모두 합쳐 800~900명 정도였다고 한다. 이일은 군사들을 이끌고 상주 북천가에서 군사훈련을 시작했다. 진을 치고 대장기를 꽂은 다음, 말을 탄 이일이 대장기 밑에 서자 종사관 윤섬과 박걸, 판관 권길, 사근 찰방 김종무 등이 말에서 내려 그 뒤에 섰다고 한다. 이일의 조선군은 산을 등지고 진을 쳤다. 그 산은 북천 북방의 천봉산(431미터)임에 틀림없다. 천봉산에서 북천 남쪽의 상주 시내를 바라보며 일본군의 동향을 살폈을 것이다.

《징비록》에는 4월 24일의 상황을 다음과 같이 전하고 있다. 저녁 무렵에 개령(오늘날 경북 김천)사람이 일본군이 가까이 왔다고 보고했다. 이일은 사람들을 동요케 한다고 그자를 죽이려 했다. 그러자 개령사람은 "내일(25일) 아침까지 적이 오지 않으면 그때 나를 죽여주시오"라고 했다. 실제 일본군은 이미 상주 남쪽 20리 지점에 도착해 있었다. 하지만 조선군은 척후병을 두지 않아 그 사실을 알 수 없었다. 다음날 아침 이일은 적이 오지 않는다고 해서 개령사람을 끌어내 죽여 버렸다고 한다.

개령사람의 보고를 무시한 이일은 4월 25일 아침 일본군의 급습을 받았다. 조선군의 참패였다. 진영을 제대로 갖추지 못한 조선군은 우왕좌왕했고, 이일과 변기는 말을 타고 달아났다. 대부분은 일본군과 싸우다가 전사했다. 이일이 장수로서 척후병을 제대로 운용하지 못해 적의 이동을 제대로 파악하지 못한 점은 비난받아 마땅하다. 한편으로는 일본군의 이동속도가 조선인의 상식을 뛰어넘을 정도로 빨랐다는 것 또한 알 수 있다.

사실 상주 북천전투의 승패는 이미 결정되어 있었는지도 모른다. 조선군은 900명이었고, 고니시의 제1군은 1만 8,700명이었다. 20배가 넘는 대군을 막기는 역부족이었다. 게다가 일본군은 명중력이 높고 살상력이 좋은 조총(다네가시마種子島)을 사용하고 있었다. 훈련도 제대로 안 된 소수의 조선군이 내전을 겪으며 단련된 일본군을 상대하기는 쉽지 않았다. 하지만 조선군은 용감히 싸웠고 장렬히 전사했다. 상주에서 패배한 이일은 패잔병을 수습해 도순변사 신립의 진영으로 나아갔다.

조선 교통의 중심지, 조령

영남대로는 부산에서 한양(오늘날 서울)으로 이어지는 영남에서 가장 주요한 길이었다. 부산에서 대구를 거쳐 상주로 이어지며 조령鳥嶺을 통해 충청도로 넘어간다. 오늘날 조령은 북쪽의 마역봉과 남쪽의 조령산 사이에 난 높이 642미터의 고개를 가리키며, 경상북도 문경과 충청북도 괴산을 이어준다. 당시에도 조령은 영남과 한양을 잇는 가교 역할을 했기에 조선시대 최대의 교통 중심지이자 군사 요충지 가운데 하나였다.

조령의 또 다른 이름인 문경새재는 문경에 위치한 새재라는 의미다. 새재의 어원은 다양하다. 먼저 새가 날다가 쉬어가는 고개라는 주장이 있다. 그리고 과거 조령을 초점草岾이라 표기했는데, 억새풀이 많아서 억새재라고 불리기도 했다는 이야기도 있다. 여러 고개 사이에 새로 생긴 고개라는 의미에서 그리 불렸다고도 한다.

그 어원을 떠나 조령은 임진왜란과 밀접하게 연관되어 있다. 부산으로 상륙한 일본군이 영남대로를 따라 북상해 조령을 넘어 한양으로 갔던 것이다. 상주 북천전투에서 이일이 패배하고, 충주 탄금대전투에서 신립이 무너지면서 수도 한양이 함락되었다. 신립은 험준해서 방어에 유리한 조령을 지키지 않고, 평지에 가까운 탄금대에서 싸워 패하고 말았다.

류성룡은 《징비록》에서 신립을 이렇게 평가했다. "신립은 원래 날쌔고 용감한 것으로 이름이 높았으나, 전투의 계책에는 부족한 인물이었다." 명의 장수인 이여송은 "이런 천혜의 요지를 두고도 지킬 줄 몰랐으니, 신립은 참으로 부족한 사람이다"라고 평했다. 후대 사람인 정약용은 유배 가는 도중에 탄금대를 지나면서 "신립을 일으켜 얘기나 좀 해봤으면, 어찌 문을 열어 적을 받아들였는지?"라며 탄식했다. 모두 신립이 조령을 버리고 탄금대에 배수진을 친 것에 대한 비판이다.

상주 북천전투는 병력이 적은 조선군과 병력이 많은 일본군과의 대결이라 할 수 있다. 그에 비해 충주 탄금대전투는 조선군의 숫자가 일본군에 비해 그리 적지 않았다. 당시 조선군은 8,000명 이상으로 추산되고 있다. 일반적으로 공격과 방어의 병력은 3대 1의 비율로 이뤄지는데, 8,000명 이상이라면 고시니 유키나가의 1만 8,700명을 충분히 방어할 수 있는 병력이다. 게다가 여기에는 적지 않은 조선의

《북관유적도첩》 가운데 〈일전해위도−箭解圍圖〉. 신립이 화살 한 발로 적장을 쓰러뜨려 여진족을 물리친 무공을 그렸다. 신립은 북쪽 변방을 평정했던 맹장으로 임진왜란 당시 조선에서 손꼽히던 장수였다.

정예기병이 포함되어 있었고, 지휘관은 당대 최고의 무장이라 평가받던 신립이었다. 그럼에도 불구하고 신립은 조령을 포기해 조선군을 몰살로 이끌었다.

이로써 수도 한양의 함락은 신립의 패전에서 비롯되었다는 인식이 퍼져 갔다. 《선조실록》, 《선조수정실록》, 《대동야승大東野乘》 등의 기록을 보면 신립은 밤낮으로 잠을 잤고, 항상 술에 취해 있었으며, 성격이 포악했다고 되어 있다. 당대 사람을 비롯해 후세의 사람들도 모두 신립의 패전을 곱씹었다. 누가 보아도 탄금대보다는 조령이 훨씬 유리한 방어거점이다. 그런데 신립은 왜 조령을 버리고 만 것일까? 정말 술에 취해 잠만 잤기 때문일까?

신립은 왜 탄금대를 선택했을까?

당시 북상하던 일본군은 고시니 유키나가의 제1군만이 아니었다. 가토 기요마사의 제2군은 죽령으로, 구로다 나가마사의 제3군은 추풍령으로 북상하고 있었다. 만약 신립이 조선 육군의 대부분이라 할 수 있는 병력을 거느리고 조령을 지킨다고 가정해 보자. 분명 고시니의 제1군 북상은 저지되었을 것이다. 그런데 신립이 조령을 막더라도 죽령과 추풍령을 넘어가는 일본군 제2군과 제3군의 존재가 문제로 남는다. 신립이 병력을 분산해 죽령과 추풍령까지 모두 막기에는 시간적으로도 부족한 상태였다. 신립의 조선군과 고니시의 제1군이

전쟁 이후의 한국사

조령을 두고 대치하는 시이, 제2군과 제3군이 죽령과 추풍령을 넘어 신립의 후방을 차단할 수 있다. 병력 수가 많은 일본군의 일부는 수도 한양으로 곧바로 나아갈 수도 있다. 그렇게 될 경우 오히려 조선군은 죽령에서 고립되고, 한양은 무방비 상태로 남겨지게 된다.

실제로 신립은 조령뿐만 아니라 충주도 포기하고자 했다. 일본군과의 단기 결전보다는 후방으로 물러나 수도 한양 인근에서 결전을 해야 한다고 건의한 것이다. 하지만 그의 주장은 묵살됐다. 신립은 충주 이남에서 일본군을 막아야만 했다. 결국 자신의 장기인 기병을 활용할 수 있고, 오합지졸의 이탈을 막을 수 있는 탄금대를 선정했다.

여기에는 몇 가지 더 주목할 사실이 있다. 충주는 남한강이 흐르는 지형으로 인해 봄철에 서풍이 강하다. 조선군이 탄금대에 위치할 경우 순풍을 타고 화약무기나 활을 쏠 수 있다. 반면에 일본군은 역풍 속에서 조총이나 활을 쏴야 한다. 그리고 탄금대는 육계도陸繫島라 불렸고, 오늘날에는 섬들이라는 지명이 남아 있다. 임진왜란 당시 탄금대는 충주 시내와 연결되는 동쪽을 제외한 나머지 부분이 섬의 형태를 띠고 있었다. 즉 조선군의 방어에 유리한 측면이 있었던 것이다.

신립은 군령을 엄히 하고 사기 저하를 막고자 했으며 일본군을 상대로 과감히 공격에 나섰다. 그러나 신립은 패했다. 적정을 제대로 파악하지 못해 포위당했고, 기병 중심으로 돌격을 감행해 진영을 무너뜨렸으며, 배수진을 침으로써 퇴각로를 없애 부대 재편성을 불가능하게 만들었다. 신립이 탄금대에서 패하자 한양으로 가는 길이 열렸고, 선조는 한양을 버렸다.

탄금대전투 이후,

보통사람들의 저항

패전한 장수는 변명할 수 없다. 탄금대를 결전장소로 선정한 신립에게는 나름의 이유가 있었다. 하지만 결과는 참담했다. 척후병을 제대로 운용하지 못했고, 일본군의 진군을 제대로 파악하지 못한 상태에서 일본군의 매복에 당했다. 또한 배수의 진을 친 까닭에 패배 후 물러나 부대를 재편성할 여지조차 없었다. 4월 28일 탄금대에서 조선 육군의 주력이었던 8,000여 명이 사라졌고, 한양의 민낯이 드러났다. 조선의 국왕 선조는 한양을 버리고 북쪽으로 달아날 수밖에 없었다. 신립이 일부 병력을 보내서 조령에서 시간을 벌고 경계 작전에 충실했다면, 임진왜란의 양상은 달라졌을지도 모른다. 탄금대전투 이후 조선군은 무기력해보였다. 하지만 바다에서 이순신의 활동이 빛을 발했고, 육지에서는 관군과 연합한 의병들이 들불처럼 일어났다.

1592년 4월 28일

조선군, 달천평야에서 일본군에게 패배. 지휘관인 신립은 탄금대에서 항전하다가 자결.

"김여물이 '저들은 수가 많고 우리는 적으니 그 예봉과 직접 맞부딪칠 수는 없습니다. 이곳 (조령)의 험준한 요새를 지키면서 방어하는 것이 적합합니다' 하면서 높은 언덕을 점거해 역습하자고 건의했으나 신립이 모두 따르지 않으면서 말하기를 '이 지역은 기마병을 활용할 수 없으니 들판에서 한바탕 싸우는 것이 적합하네' 했다."

1592년 8월 1일

조선 의병, 영천성 탈환. 임진왜란 최초의 조선 육군 승리.

"그대가 적의 소굴에 있으면서도 굴하지 않고 나라를 위해 싸웠으니 그 뜻이 가상하다. 본 현(창녕)의 의병부장으로 임명하니 신초와 함께 의병을 모아 성은에 보답하라." 김성일이 의병장 우치홍에게 보내는 전령.

일본군에 포섭된 조선인들

고니시 유키나가의 제2군은 4월 18일 부산에 상륙한 후 4월 21일 경주를 점령했고, 4월 23일 영천에 도착했다. 공포에 사로잡힌 관군과 백성이 흩어져 달아나면서 영천성永川城은 일본군에게 넘어갔다.

당시 영천은 경상도 교통의 요지였다. 지금도 영천은 동쪽으로 포항, 서쪽으로 대구, 남쪽으로 경주, 북쪽으로 안동을 잇는 교통 결절지다. 따라서 경상도 각지에 주둔한 일본군에게는 각 부대들을 연결하는 거점이 될 수 있었으며, 특히 부산–경주와 상주–문경을 잇는 일본군 주요 보급로의 중간 지점이기도 했다. 4월 23일 영천을 점령한 일본군은 영천성을 중심으로 주변 지역을 약탈했다. 묘까지 파헤치는 만행을 저질렀다고도 한다.

영천성이 일본군에게 점령당하자, 이들에게 협조하는 세력들이 나타났다. 일본군은 대나무로 만든 죽패竹牌를 발급했다. 일종의 민패民牌였다. 일본군은 죽패를 발급받은 자들에게 약탈한 곡식을 나눠줬고, 일본군이 주둔한 지역을 자유롭게 드나들 수 있도록 허용했다. 죽패를 소지한 자는 일본의 백성이 된다는 의미였다. 세금과 부역의 의무를 지게 되지만, 가난한 백성 일부는 궁여지책으로 죽패를 받아 식량을 배급받았다.

《선조실록》 권26에는 특이한 대화가 남아 있다. 선조는 윤두수에게 물었다. "적병이 얼마나 되는가? 절반은 우리나라 사람이라 하는데 사실인가?" 임진왜란 당시 일본군의 절반이 조선 백성이었다면 충격적인 일이다. 선조의 하문에 윤두수는 "그 말의 사실 여부는 알수 없습니다"라고 답했다. 윤두수는 그 얘기가 근거 없으며 전시상황에 떠도는 유언비어에 불과하다고 인식했다. 그러나 비록 '절반'이 과장되었다 하더라도 그런 소문이 돌고 있었다는 사실 자체는 부인할 수 없다.

일본군이 영천을 점령하자 영천군의 속리屬吏들과 평소 양반들에게 불만을 품고 있던 노비들이 움직였다. 200여 명이 무리를 지어 도적질을 일삼았다. 이들이 낮에는 일본군과 내통하고 밤에는 민가를 약탈하니 민심이 흉흉해졌다. 하나의 군郡에서 200여 명이 일본군에 협조했다면 적지 않은 숫자임에 틀림없다. 당시 관아의 속리나 노비들이 일본군에게서 받는 압박과 경제적 어려움이 상당했음을 짐작할 수 있다. 5월 초 권응수의 의병부대가 무뢰배 200여 명을 평정했다. 무뢰배를 이끌던 이는 관노官奴 희손希孫이었다. 희손은 사살되고 나머지 무리는 흩어졌다.

"조정이 못 미덥다면 스스로를 믿는 수밖에"

5월 초 정세아, 정대임, 권응수 등이 의병을 일으켰다. 이후 영천, 신녕, 경주, 하양, 경산, 의흥, 의성, 흥해, 영일, 대구 등 곳곳에서 일어난 의병들이 영천 지역으로 몰려들었다. 의병뿐만 아니라 관군도 참여했다. 안동에 있던 경상좌병사慶尙左兵使 박진은 무기류와 화기류를 지

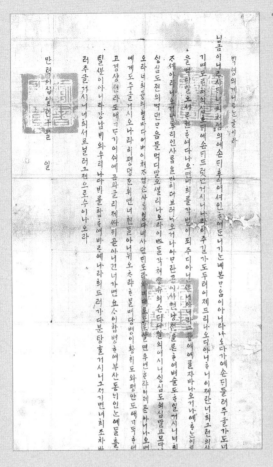

"너희가 왜를 돕는다 하여도 본 마음이
아님을 알고 있다.
나라에서 죽일까 두려워
나오지 아니하지만
이제는 그런 의심을 하지 말고
서로 권하여 다 나오면
각별히 죄 주지 아니할 뿐만 아니라…"
보물 제951호, 개인소장(권이도).

—
선조의 한글 교서. 1593년 9월 선조가 일본군에게 협조하는 백성들을 회유하고자 한글로 써서 내렸다.

—
주인장朱印狀. 도요토미 히데요시가 나베시마 나오시게鍋島直茂에게 조선에서 기술자들을 회유하거나 납치하도록 지시한 명령서. 1597년.

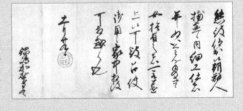

원했다. 7월 무렵 의병 연합군은 4,000명에 달했다. 정담의 《영천복성일기永川復城日記》에는 3,560명으로, 권응평의 《동암실기東岩實紀》에는 3,970명으로 기록되어 있다. 일본군에 들러붙어 활동한 무뢰배 200명의 20배에 달하는 수치다.

7월 24일 지휘부 구성과 부대 편성이 완료되었다. 부대 명칭을 창의정용군倡義精勇軍이라 하고, 크게 세 부대로 나누었다. 의병 대장大將은 권응수, 좌총左摠은 신해, 중총中摠은 정대임, 우총右摠은 최문병이 맡았다. 선봉장先鋒將은 홍천뢰, 별장別將은 김연국, 찬획종사贊劃從事는 정세아와 정담이 담당했다. 의병 연합군은 기본적으로 좌, 중, 우 삼군으로 부대를 구분하고, 선봉과 별장을 둬 돌격대 및 예비대를 편성했으며, 찬획종사를 두어 참모 역할을 수행하도록 했다.

중총이었던 정대임은 의병 연합군에게 다음과 같은 행동지침을 하달했다.

첫째, 겁을 먹고 불온한 말을 하는 자. 둘째, 적을 보고 다섯 걸음 이상 물러서는 자. 셋째, 마음대로 행동하고 장수의 명령을 듣지 않는 자. 넷째, 전투에 임해서 대오를 이탈하는 자. 이상 네 가지를 범하는 자는 참수하겠다고 선포했다.

이에 장수와 의병들은 모두 "감히 어김이 있겠습니까? 마땅히 약속대로 하겠습니다"라고 답했다. 대규모 전투에 앞서 군기를 엄정히 확립했음을 알 수 있다.

의병군의 영천성 탈환작전

7월 25일부터 영천성 탈환을 위한 준비에 박차를 가했다. 화공을 위해 땔나무와 건초를 준비하고, 화약을 종이에 싸서 습기를 차단했다. 성벽을 넘기 위해 큰 나무를 베어 긴 사다리를 만들었다. 적의 조총 공격을 막기 위한 방패와 백병전을 대비한 네모난 몽둥이도 제작했다. 이외에 목책을 만들어 방어를 강화하고 여러 가지 공성 병기들을 제작해 만반의 준비를 갖췄다.

7월 26일 밤 불국사 승려가 일본군 포로로 잡혀 있다가 탈출했다. 그는 27일 일본군이 총공세를 취할 것이라 했다. 의병 연합군은 기존 세 개로 편성된 부대를 두 개로 개편했다. 영천 지리를 잘 아는 영천 출신 의병부대와 비영천 출신 의병부대로 나눈 것이다. 영천성 북쪽에는 마현산(156미터)이 자리 잡고 있고, 남쪽으로는 금호강이 흐르고 있다. 비영천 출신 의병부대는 서북쪽을 공격하기로 하고, 영천 출신 의병부대는 동남쪽을 공격하기로 했다. 서북쪽은 의병 대장 권응수, 경주 판관 박의장, 좌총 신해, 선봉장 홍천뢰 등이 담당하고, 동남쪽은 중총 정대임, 우총 최문병, 찬획종사 정세아 및 정담 등이 맡았다.

7월 27일 날이 밝자 본격적인 영천성 탈환전이 시작되었다. 정대임이 이끄는 부대는 남문을 공격했고, 권응수가 이끄는 부대는 서북문을 공격했다. 전투 초반 일본군의 반격이 있었지만 이를 막아낸 의병 연합군은 각각 성문을 부수고 성벽을 넘기 시작했다. 이때 서북풍이 불었다. 강한 바람으로 인해 조총의 발사는 제한되었고 백병전이 시작되었다. 의병 연합군이 미리 준비해뒀던 땔나무에 불을 붙였고 불은 바람을 타고 퍼져나갔다. 결국 영천성은 탈환되었고 일본군은 거의 몰살되었다.

당시 영천성에 주둔하고 있던 일본군의 규모는 천여 명으로 알려져 있다. 하지만 이들을 지휘한 일본군 장수 이름은 명확히 확인되지 않고 있다. 제2군 고니시 유키나가의 잔류부대라는 설과 제5군 후쿠시마 마사노리福島正則 혹은 제7군 모리 데루모토毛利輝元 예하의 부대라는 설 등이 있다. 지휘관은 정확하게 밝혀지지 않았지만, 확실한 것은 의병 연합군의 영천성 탈환으로 인해 경상도 주둔 일본군과 보급로는 상당한 타격을 입었고, 활동 범위가 축소될 수밖에 없었다는 점이다.

임진왜란에서 조선 육군이 거둔 최초의 승리

의병 연합군의 영천성 탈환 과정에서 흥미로운 기록이 남아 있다. 7월 26일 의병 연합군과 일본군 사이에 치열한 접전이 벌어지고 서로 간에 사상자가 발생했다. 이때 의병 연합군은 일본군의 시신을 끌어왔다. 그리곤 그 시신들의 배를 갈라 창자를 드러내고, 머리를 자르고 얼굴을 쪼갠 다음 다시 성안으로 던져 넣었다. 사람 힘으로는 불가능하므로 투석기와 같은 공성 병기가 사용된 것으로 보인다. 잔인한 행

동이지만, 포위된 적군의 사기를 떨어뜨리고 공포심을 유발하는 데
에는 상당한 효과를 거둘 수 있었다.

7월 27일 영천성이 탈환되고 7월 28일 의병 연합군의 점검이 이
뤄졌다. 아군 사망자는 80여 명, 부상자는 230여 명이었다. 일본군
517명이 참수되었으며, 일본군으로부터 노획한 전리품은 말 200필,
총통·창·검 등이 900여 자루였다. 그리고 성안에 포로로 잡혀 있다
생환한 조선인이 1,090여 명이었다. 의병 연합군이 영천성을 탈환함
으로써 경주–영천–안동을 잇는 일본군 보급로가 차단되었고, 승세
를 탄 의병 연합군은 이어 경주성 탈환에도 성공했다.

류성룡은《징비록》에서 "영천성을 수복함으로써 일본군이 경주성
으로 도망갔고, 이로 인해 신녕, 의흥, 의성, 안동 등의 일본군이 모두
한 곳으로 모이게 되어 경상좌도의 군읍이 안전해졌다"고 평했다.
이항복은《백사별집白沙別集》에서 "이순신의 명량해전과 영천 복성復
城전투가 임진왜란에서 가장 통쾌한 승리였다"고 평했다. 영천성 탈
환 전투는 임진왜란 당시 조선이 육전에서 거둔 최초의 승리였다.

금산전투 이후,

전 쟁 의   장 기 화

금산전투는 1592년 7월부터 8월까지 고경명高敬命과 조헌
趙憲이 이끄는 의병이 충청도 금산에서 일본군과 싸운 전투
다. 고경명은 조선 중기 문신이자 의병장이다. 서산군수, 한
성부서윤, 한산군수, 순창군수, 동래부사 등을 역임했다. 임
진왜란이 발발하자 큰 아들 고종후, 작은 아들 고인후와 함
께 의병에 참가했다. 전라좌도 의병대장으로 추대되어, 6월
1일 담양을 출발해 북상했다. 이어서 6월 13일 전주에 도
착해 고종후에게 영남에서 호남으로 넘어오는 일본군의 방
어를 맡기고 다시 북상했다.
6월 27일 고경명은 왜군이 금산을 점령하고 호남을 침입할
것이라는 정보를 입수했다. 이때 충청도 의병장 조헌에게
서신을 보내 합세해 금산의 일본군을 공격하자고 제의했다.
7월 9일 고경명은 금산에 도착해 방어사 곽영郭嶸의 관군과
합류했다. 7월 10일 고경명은 일본군에 맞서 결전을 벌이
다가 작은 아들 고인후와 함께 전사했다.

1592년 7월 9일

조선 관군과 의병, 금산에서 일본군과 격돌. 의병장 고경명 전사.

"도내의 거족과 명인이 유생 등과 함께 창의해 일어나니, 국가의 명맥이 그들에 의해 유지되었다. 호남의 고경명과 김천일, 영남의 곽재우와 정인홍, 호서의 조헌이 가장 먼저 의병을 일으켰다."《선조수정실록》

1592년 7월 20일

일본군, 도요토미 히데요시의 거듭된 재촉으로 진주성 공격. 의병장 고경명의 아들 고종후 전사.

"정원이 아뢰었다. 김천일과 최경회는 조정의 명령이 없었음에도 분연히 의병을 일으켰고, 고종후는 아비의 원수를 갚고 왕의 원수를 무찌르기 위해 희생했습니다."《선조실록》

상복을 입고 전투에 나선 의병대

임진왜란 초기 조선군은 모래성처럼 무너졌다. 하지만 조선군은 그렇게 끝나지 않았다. 1592년 4월 22일, 곽재우郭再祐가 의병장으로 거병했다. 의병은 조선 전역에서 들불처럼 퍼져나갔다. 흩어졌던 백성들은 의병의 기치 아래 다시 모여들었다. 의병들의 적극적인 활동으로 인해 일본군의 보급로와 거점들은 위협받게 되었다.

고경명高敬命은 전라도 광주 출신의 유학자이자 의병장이다. 임진왜란이 발발하자 각도와 각읍에 격문을 돌려 의병을 모집했다. 고경명은 6,000여 명의 의병을 이끌고 관군와 합세해 충청도 금산錦山에서 일본군을 공격하다 전사했다. 1592년 7월 10일의 일이다.

이후 8월에는 조헌이 이끄는 의병부대가 다시 일본군과 전투를 벌였다. 두 차례 금산전투에서 일본군을 물리치지는 못했지만, 일본군의 피해도 적지 않았다. 결국 일본군은 호서와 호남에서 물러나 전선을 재조정했고, 금산전투는 임진왜란이 장기화되는 계기 가운데 하나가 되었다.

금산전투에는 고경명의 아들 고종후高從厚와 고인후高因厚도 참가했다. 이 전투에서 고경명과 고인후가 전사하고, 고종후만 살아남았다. 고종후는 아버지와 아우를 동시에 잃고 비통해 했다. 1592년 8월, 고종후는 아버지와 아우의 시신을 찾아 광주로 모셔왔다. 마을 사람들을 모아 흩어진 주검을 수습하고 금산 전장에서 조문을 작성해 제를 올렸다. 달구지에 주검들을 싣고 광주로 돌아오니, 통곡과 복수를 바라는 기운이 넘쳐났다.

고종후는 장례가 끝나자 의병에 종사하고자 했다. 하지만 그의 어머니는 눈물을 흘리며 말렸다. 지아비와 아들이 모두 죽은 상황에서 장남마저 죽는 것을 눈뜨고 볼 수 없다는 것이었다. 고종후는 아버지의 원수를 갚아 충효를 다하는 것과 어머니의 뜻을 거스르는 불효 사이에서 갈등했다. 고심하던 고종후의 건강이 점차 악화되었다. 결국 어머니는 고종후의 결심을 받아들일 수밖에 없었다.

고종후는 갑주를 입고 인근 고을의 자제들을 설득해 흩어진 군사들을 수습했다. 오래지 않아 향병鄕兵 200여 명이 모였다. 고종후는 금산전투에서 사망한 이들의 집을 일일이 찾아다니며 위로했다. 비통함에 젖어 있는 그들에게 왜적을 쳐서 원수를 갚자고 설득했다.

1592년 10월 1일, 드디어 고종후는 복수할 사람들을 모아 군사를 일으켰다. 아버지 고경명과 아우 김인후가 금산전투에서 사망한 지 석 달 만이었다. 고종후는 상복을 입고 금산전투에서 죽은 이들의 신위神位를 앞세웠다. 일본군에게 부모형제를 잃은 수많은 사람들이 모여들었다.

고종후는 아버지 고경명 부대의 잔존병들을 거두어 별군으로 편성했다. 조수준을 계원장繼援將, 해정을 유격장遊擊將, 김인혼과 고경신 등을 군관으로 삼았다. 오빈을 종사관從事官으로, 오유를 부장副將으로 삼았다. 고종후는 스스로를 '복수의병장復讐義兵將'이라 불렀다. 고종후와 복수의병대의 탄생이다.

1592년 12월, 고종후는 전라도 광주에 의병청을 설치하고 도내

긱지에 격문을 보냈다. 일본군에게 부모형제를 잃은 자들에게 의병에 참여할 것을 권유했다. 부대의 군호는 '복수'였다. 격문의 끝에는 자신의 손가락을 깨물어 이름 석 자를 혈서로 남겼다. 고종후의 격문에 따라 모여든 이가 천여 명에 달했다.

왜를 토벌해 원한을 갚는다

이 무렵 경상도에서는 진주성전투가 한창이었다. 1592년 10월, 일본군은 진주성을 공격했다. 일본군 2만여 명과 김시민이 이끄는 조선군 3,800명의 대결이었다. 10월 5일부터 10일까지 6일간 지속된 일본군의 공격은 실패했다. 바로 1차 진주성전투(진주대첩)다. 흔히 이순신의 한산도전투, 권율의 행주전투와 함께 임진왜란 3대 대첩으로 불린다.

도요토미 히데요시豊臣秀吉는 1593년 2월 27일, 3월 10일, 4월 11일, 5월 1일, 5월 20일에 거듭 진주성 공격을 명령했다. 1차 진주성전투 실패에 따른 자존심 회복이 문제였다. 또한 진주는 경상도 서남부에 위치한 군사 요충지였다. 경상도에서 곡창지대인 전라도로 들어가는 관문이었다.

1593년 여름, 일본군 거의 대부분이 진주성을 집중 공격한다는 소문이 파다했다. 성을 포기하라는 명군의 권고도 있었지만, 진주성을 지키던 이들은 거부했다. 조선군 일부가 진주성을 지원하기 위해 입성하기도 했지만, 적지 않은 부대들이 입성을 거부했다. 절대적 병력 차이를 인식하고 구원을 포기했기 때문이다.

이때 고종후는 움직였다. 복수의병대 천여 명을 거느리고 경상도로 향했다. 남해안을 따라 광양을 지나 섬진강을 건너 경상도 하동 땅으로 진입했다. 경상도에 들어선 고종후는 군사들을 모아놓고 다음과 같이 얘기했다.

전날 금산의 패배를 생각하면 떨리는 치욕에 창자는 하루에도 아홉 번이나 쥐어뜯기는 것 같다. 앉아 있으면 얼 빠진 사람이 되고 집을 나서면 갈 곳을 잊어버렸다. 적을 낱낱이 베어 가솔을 지키고 산하를 이어갈 수 있다면, 설령 이 몸이 적의 칼날에 산산조각이 난들 무슨 후회가 있겠는가.

고종후는 진주가 남방의 거점으로서 경상도와 전라도의 요충지이므로 반드시 지켜야 한다고 역설했다. 만약 진주가 무너진다면 왜적이 전라도를 침범하게 되어 나라의 근간이 흔들린다고 했다.

우리 군대는 의義를 위해 일어났으니 오직 진격만 있을 뿐 후퇴는 없다. 오늘 죽을 자는 나를 따라가고 내일 죽을 자는 향리鄕里로 돌아가 장차 있을 적의 침입에 대비하라. 그러니 가고 싶은 사람은 마음대로 떠나도록 하라.

전쟁 이후의 한국사

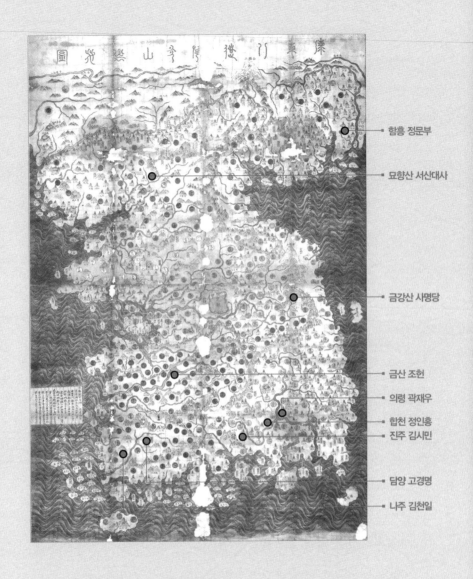

함흥 정문부

묘향산 서산대사

금강산 사명당

금산 조헌

의령 곽재우

합천 정인홍

진주 김시민

담양 고경명

나주 김천일

임진왜란 당시 주요 의병 활동지역. 배경의 지도는 17세기 조선 전국의 봉화 위치를 표시한 〈해동팔도봉화산악지도海東八道烽火山岳圖〉.

고종후는 향촌 수호의 중요성을 알고 있었다. 현재의 적정敵情을 알리고 후방을 방어할 필요가 있다는 사실을 인지했던 것이다. 그래서 휘하 군사들을 다그치지 않고 마음대로 떠나도록 했다. 그렇게 떠나고 나자 400여 명이 남았다. 그야말로 결사대, 죽음을 두려워하지 않고 죽을 자리를 찾아 떠나는 군대였다. 고종후와 400결사대는 상복을 입었다. 삼베에 '복수復讐'라는 군호를 새긴 머리띠를 둘렀다. 이들 행렬의 맨 앞에는 '복수토왜復讐討倭'라는 깃발이 나부꼈다.

"전쟁을 그렇게 끝내게는 하지 않겠다"

400결사대는 어떻게 고종후를 따라 죽음에 나설 수 있었을까? 앞서 고종후는 의병을 모집하기 위해 여섯 편의 격문을 발송한 적이 있다. 〈격도내檄道內〉, 〈재격도내再檄道內〉, 〈통제사승도문通諸寺僧徒文〉, 〈격제주檄諸州〉, 〈통제주삼가문通諸州三家文〉, 〈격도내서檄道內書〉가 그것이다.

고종후는 격문에서 자신을 최대한 낮추고, 경험을 근거로 전황을 분석했다. 자기와 뜻을 같이 하는 자를 '형제' 혹은 '동지'라 불렀다. 천민이나 승려를 포괄하면서 이들도 마찬가지로 형제나 동지라고 했다. 고종후 부대에는 가노家奴와 사노寺奴가 일찍부터 활동하고 있었다. 스스로를 낮춰 여러 계층을 받아들이는 리더십을 발휘한 것이다. 개인의 복수가 국가의 복수로 이어진다는 대의명분도 주효했다.

1593년 6월 15일, 일본군 9만여 명이 진주성을 공격하기 위해 출

전쟁 이후의 한국사

정했다. 6월 19일, 일본군이 진주성 외곽에 도착했다. 6월 20일, 진주성 주위의 해자垓字를 흙으로 메우기 시작했다. 6월 22일부터 본격적인 전투가 시작되어 6월 29일까지 지속됐다. 전투는 치열했지만, 중과부적이었다. 진주성에 집결한 조선의 군사들은 6,000여 명으로 추산되고 있다. 일본군은 조선군의 열 배가 훌쩍 넘는 대군이었다.

진주성 내의 군사들과 백성들은 전멸했다. 조선 측 기록으로 6만여 명, 일본 측 기록으로는 2만여 명이다. 어느 기록을 따르건 수만 명이 한꺼번에 몰살당한 것은 분명한 사실이다. 고종후의 400결사대도 모두 전사했다. 고종후는 전세가 기울자 김천일金千鎰, 최경회崔慶會와 함께 북향재배한 후 남강南江에 뛰어들어 생을 마감했다.

정유재란 이후,

그럼에도 희망의 노래

1592년 임진왜란을 일으켰던 일본군은 명의 원병과 조선군의 반격으로 전선이 소강 상태에 빠지고 화의가 진행되자 일단 남쪽으로 물러났다. 하지만 화의가 결렬되자 1597년 정유재란을 일으키며 다시 침략해 왔다.

1596년 12월과 1597년 1월 사이에 일본군 선봉인 고니시 유키나가와 가토 기요마사는 동래, 부산, 울산 등지에 교두보를 재구축했다. 3월 중순부터 일본의 주력부대 14만 1,500여 명이 조선으로 건너왔다. 일본군은 부대를 좌우군으로 나누고 경상도와 전라도로 진격해 진주, 남원, 전주를 차례로 공격하며 북상했다. 충청도로 진입한 일본은 청주, 천안 등지를 공략하며 직산까지 진출했다.

그러나 명군 주력부대와 조선군이 직산에서 일본군의 북상을 저지했고, 이순신이 이끄는 조선 수군은 명량에서 일본을 패배시켰다. 이후 일본군은 후퇴해 남동해안을 중심으로 거점을 구축하고 방어에 주력했다.

1597년 7월 16일

원균이 이끄는 조선 수군, 칠천량에서 일본 수군에게 대패.

"이덕필과 변홍달이 전하기를 '수군이 피습되어 통제사 원균, 전라 우수사 이억기, 충청수사 최호 등이 전사하고 수군이 궤멸했다'고 했다. 통곡을 금할 길이 없다." 《난중일기》

1598년 10월 21일

조명연합군, 울산왜성에서 철수. 가토 기요마사, 서생포로 후퇴.

"전쟁을 마치고 세유영에 돌아들 때 태평소 드높은 음악 소리에 북과 나팔이 어우러지니 수궁 깊은 곳의 고기떼들도 다 웃는 듯." 《태평사》 중에서.

노계蘆溪 박인로朴仁老는 송강 정철, 고산 윤선도와 함께 조선시대 시가문학을 대표하는 작가 가운데 한 명이다. 문집으로 《노계집蘆溪集》이 있으며, 〈태평사太平詞〉를 비롯한 11편의 가사를 남겼다. 교과서에 오랫동안 수록된 〈조홍시가早紅柿歌〉를 비롯한 다수의 시조와 일부 한문학 작품을 남기기도 했다.

박인로는 1592년 임진왜란이 발발하자 비분강개해 붓을 던져버리고 전쟁에 뛰어들었다. 그의 나이 32세 때의 일이다. 박인로는 1599년 무과에 합격해 벼슬을 하면서 52세 때인 1612년까지 21년간 무인武人으로 살았으며, 이후 82세 때인 1642년까지 30년간 유학자로 살았다.

임진왜란 당시 박인로의 구체적인 군사 활동은 제대로 기록되어 있지 않다. 기본적으로 경상북도 영천 일대를 중심으로 활동했을 것으로 짐작되고 있을 뿐이다. 임진왜란 당시 사족士族의 의병 참여 방식은 직접 의병을 모집해 의병장으로 활동하는 경우와 유력 의병장의 휘하에 들어가는 경우가 있었다. 박인로는 임진왜란이 일어나자 의병장 정세아鄭世雅 휘하의 의병이 되어 영천성 탈환 작전에 참여했다.

이후 박인로는 경상좌병사慶尙左兵使 성윤문成允文의 막하에서 활동했고, 임진왜란이 끝날 무렵 성윤문의 명으로 〈태평사〉를 지었다. 이 〈태평사〉가 바로 노계 가사의 시작이었다. 〈태평사〉는 1598년 겨울에 박인로가 지은 최초의 가사다. 일반적으로 경상좌병사慶尙左兵使 성윤문成允文의 지시로 일본군이 물러나자 본영으로 돌아와 수군들을 위로하기 위해 지은 것이라 알려져 있다.

〈태평사〉의 배경, 울산

원래 조선시대 울산 지역은 경상도에 설치된 두 개의 병영 가운데 하나인 좌병영의 소재지로 군사 요충지였다. 일본군 입장에서는 부산을 북동쪽 방면에서 보호할 수 있는 곳이었다. 동시에 경주를 공격할 수 있는 교두보 역할을 할 수 있는 지역이었다. 게다가 서생포왜성의 방비를 더욱 강화할 수 있는 주요 거점이기도 했다.

정유재란 당시 일본군 제1군을 지휘한 고시니 유키나가는 서쪽 순천에서, 제2군을 맡은 가토 기요마사는 동쪽의 울산에서 왜성을 축조하며 방어태세를 갖추고 있었다. 왜성은 주로 강이나 바다에서 200~300미터 거리의 독립된 구릉에 축조되었다. 지형을 교묘하게 활용해 진지를 구축함으로써 방어력을 높였다. 수로를 이용해 연락과 보급 및 철수를 용이하게 했으며, 각 왜성을 유기적으로 배치해 방어력을 극대화하고자 했다.

직산에서 일본군의 북상을 저지한 조명연합군은 방어에서 공격으로 전환해, 일본군의 거점을 적극적으로 공격하고자 했다. 이에 순천의 고시니 유키나가를 공격하자는 전라도 공격론과 울산의 가토 기요마사를 공격하자는 경상도 공격론이 대두되었다. 결국 일본군의

〈울산성전투도〉 가운데 제1도~3도. 나베시마 나오시게 가문이 1597년 12월 23일에서 1598년 1월 4일까지 전개되었던 울산성전투에서의 패배를 복기하고자 마련했다. 차례대로 울산왜성전투 당시 조명 연합군이 일본군 진영으로 진격해 가는 장면, 일본군에 밀려 퇴각하는 장면, 울산성을 포위해 일본군을 고립시키는 장면을 소개하고 있다.

주요 근거지인 부산 및 서생포와 가깝고 일본군의 대표적 무장인 가토 기요마사가 있던 울산왜성이 첫 공격 목표로 선정되었다. 하지만 조명연합군의 몇 차례에 걸친 울산왜성 공격은 실패하고 말았다. 마침 조명연합군의 보급에서 문제가 발생했던 차에 일본군 구원병이 울산왜성으로 몰려온다는 소식이 들리자 조명연합군은 포위를 풀고 경주로 철수하고 말았다.

1598년 11월에 접어들면서 일본군은 도요토미 히데요시의 죽음을 비밀로 한 채 총퇴각했다. 11월 18일 가토 기요마사는 울산왜성을 불태우고 부산으로 퇴각했고, 같은 날 구로다 나가마사黑田長政도 서생포왜성에서 퇴각했다. 이에 명 제독 마귀麻貴는 군사를 거느리고 울산왜성과 서생포왜성을 접수했고, 울산 지역은 다시 완전히 수복되었다. 12월에 울산군수 김태허金太虛가 군민들을 이끌고 경주에서 울산으로 돌아오면서 모든 것은 정상화되었다.

성윤문의 부대는 조명연합군의 일원으로 명 제독 마귀의 통제를 받고 있었다. 따라서 조명연합군이 울산왜성과 서생포왜성을 다시 수복하는 과정에 참여했을 가능성이 높다. 경상좌병영도 때를 같이해 울산으로 돌아왔다고 보는 것이 자연스럽다. 이후 일본군이 부산에서 퇴각하자 부산으로 이동해 10여 일을 머문 후 다시 본영으로 돌아왔다. 이 본영이 바로 울산이라 할 수 있으며, 이곳에서 〈태평사〉가 지어졌다.

전장에서 불린 오늘에 대한 긍정

〈태평사〉가 경상좌병영이라는 군중에서 어떤 모습으로 사용되었는 지는 명확히 알 수 없다. 다만 당시 전란이 완전히 종식되었다고 인 식하기 어려웠기 때문에 승리를 위해 병사들의 정서를 고양하기 위 해 지어졌을 것이다. 〈태평사〉는 밖에 내걸어 알리는 격문의 성격뿐 만 아니라 승리를 축하하는 태평연과 같은 장중한 의례에 사용되었 을 가능성이 크다. 전쟁의 승리를 축하하는 의식이 치러지는 과정에 서 〈태평사〉가 불렸을 것이다.

〈태평사〉의 창작 시점은 전란이 거의 끝나갈 무렵인 1598년 늦겨 울이었다. 여전히 전운이 사라지고 있지 않았던 시기임에도 불구하 고, 그런 상황에 개의치 않고 당대의 보편 이념인 충효를 강조하고 있다. 전체 작품에서 암울한 전란의 분위기는 느낄 수 없으며, 나타 나더라도 낙관적이고 긍정적인 현실 인식에 묻혀 버리고 만다. 〈태 평사〉는 전란의 경과를 보고하는 형식이라기보다 긍정적이고 희망 적인 방향으로 서술되었다.

"황조일석皇朝一夕에 대풍大風이 다시 일어나니 용 같은 장수와 구 름같은 용사들이 깃발로 하늘을 덮고 만 리에 이었으니 병성兵 聲이 크게 떨쳐 산악을 흔드는 듯 병방兵房 어영대장御營大將은 선 봉을 인도해 적진에 돌격하니 질풍대우疾風大雨에 벼락이 쏟아지 는 듯 청정淸正(가토 기요마사) 따위 더벅머리도 손아귀에 있건마는 하늘의 비가 말썽을 부려 사기를 북돋우다가 적도賊徒가 흩어 달아나니 못다 잡고 말겠는가. 굴혈掘穴을 살펴보니 튼튼한 듯도 하다마는 패해 잿더미가 되니 험한 요새가 다 아니로다."

위의 내용은 박인로가 지은 〈태평사〉의 일부다. 내용을 풀어보면 다음과 같다. 하루아침에 큰바람이 다시 일어난 것은 정유재란을 의미한다. 정유재란이 발발하자 조선과 명은 일본군을 공격하기 위해 조명연합군을 편성했다. 4만여 명의 조명연합군은 먼저 울산왜성을 공격하기로 결정하고, 울산 방면으로 집결했다. 어영대장의 인솔 하에 울산왜성을 포위하고 매섭게 공격했다. 울산왜성이 조명연합군에게 포위됨으로써 가토 기요마사는 독 안에 든 쥐 신세가 되었다. 하지만 당시 비가 많이 내렸고 노숙을 하던 병사들이 지쳐 휴식이 필요했다. 조명연합군이 공세를 늦추자 이를 틈타 일본군들이 후방으로 달아났다. '굴혈'은 울산왜성 자체를 의미한다. 일본군이 물러간 후 울산왜성을 보니 성터는 튼튼해 보였지만 나머지 건물들은 모두 불타 없어져 버렸다.

박인로는 일본군이 울산왜성이라는 요새를 버리고 달아난 것을 두고 《맹자孟子》의 구절을 활용해 묘사했다. 전쟁에서 승리하기 위해서는 천시天時를 얻는 것도 중요하지만, 천시는 땅의 이로움(견고한 요새)만 못 하고 땅의 이로움은 임금의 덕행과 인화人和에 미치지 못함을 강조했다. 〈태평사〉는 조선군이나 명군의 시행착오를 최소화하고 승전과 그 의미를 부각시키고 있다.

〈태평사〉는 당시 울산왜성전투 상황을 구체적으로 묘사하고 있다. 질풍노도처럼 적진에 돌격하는 모습을 묘사한 점과 전투 후 불타버린 울산왜성을 다시 확인하는 장면을 통해 박인로가 직접 전투에 참여했음을 알 수 있다.

전체적으로 볼 때 〈태평사〉는 임진왜란의 발발과 정유재란의 종결을 다루고 있다. 다만 〈태평사〉에서 구체적인 전투 장면 묘사는 울산왜성전투에 한정되고 있다. 가사 작성을 지시한 경상좌병사의 직위나 울산왜성전투에 참여한 박인로의 묘사를 감안하면, 〈태평사〉는 울산왜성전투에 참여한 '육군' 병사들을 위로하기 위함일 가능성이 크다. 그렇다면 '수군'을 위로하기 위한 목적에서 작성되었다고 보는 관점은 재고되어야 할 것이다.

병자호란 이후,

총 에 홀 린 조 선

임진왜란을 겪은 광해군이 선조를 이어 즉위했다. 조선은
명과 후금 사이에서 중립 외교를 추진했다. 하지만 광해군
의 정책은 급진적이었고 대규모 토목사업으로 민심이 이반
되었다. 1623년 서인西人이 광해군을 몰아내고 능양군을
추대하는 인조반정仁祖反正이 일어났다. 하지만 곧 인조반정
의 공신功臣 책봉에 불만을 품은 이괄이 반란을 일으켜 서북
지역의 방어가 약화되었다. 1627년 후금은 광해군의 복수
를 대신한다는 빌미로 조선을 침략했다. 정묘호란丁卯胡亂의
시작이다.

후금의 침입을 맞은 조선은 화의를 맺었고, 후금과 형제의
나라가 되었다. 이후 1636년 후금은 국호를 청淸으로 바꾸
고 조선에 새롭게 군신관계를 요구했다. 조선은 이를 거부
했고, 청은 무력 침공을 개시해 한양을 점령하고 인조가 피
난한 남한산성을 포위했다. 결국 인조는 청에게 굴복해 삼
전도三田渡에서 항복의식을 행했다.

1637년 2월 24일

조선 인조, 병자호란에서 패배해 청 숭덕제에게 항복. 삼전도에 〈대청황제공덕비〉 건립.

"우리 임금이 공손히 복종해 서로 이끌고 귀순하니 위엄을 두려워한 것이 아니라 황제의 덕에 귀의한 것이다. … 우뚝한 돌비석을 여기 강가에 세우나니 만년토록 황제의 덕이 빛나리라."

1644년 1월 24일

박취문, 인조의 명을 받아 함경도 회령에서 83일 만에 조총 288자루를 제조

"세 달 반 동안 조총을 만들었으니 연마와 장식 작업을 아직 마무리하지 못한 총까지 합치면 300자루에 달합니다. 이제 철물이 거의 떨어졌기 때문에 얼음이 녹는 3월쯤이 되어야 취철할 수 있습니다." 《부북일기》

조선은 임진왜란 이후 조총의 위력을 실감했다. 이후 정묘호란과 병자호란을 거치면서 조총의 중요성은 더욱 강조되었다. 청군이 성을 우회해 남하할 경우 이를 저지할 수단이 마땅치 않았기 때문에 야전의 중요성이 커졌으며, 야전에서 청군을 막아내기 위해서는 조총을 비롯한 화포가 반드시 필요했다.

조선의 수도 방어를 담당하던 훈련도감訓鍊都監은 삼수병三手兵으로 구성되었다. 삼수병은 화포와 조총을 다루는 포수砲手, 활을 주로 사용하는 사수射手, 칼과 창을 사용하는 살수殺手다. 그러나 병자호란의 경험을 통해 조선군에서는 사수의 전술적 중요도가 떨어지고 포수를 중심으로 살수를 보완하는 새로운 야전 전술이 고려되었다. 이러한 상황에서 인조는 훈련도감 포수들이 조총 사격에 익숙지 않은 것을 비판하고 군사 훈련에서 조총 사격을 강조하기도 했다.

1639년 1월 인조는 어영군御營軍 병사의 병종 변경을 고려했다. 어영군은 훈련도감과 함께 수도 방어를 담당하는 군대로서 교대로 번상番上했다. 당시 번상하는 어영군 100여 명은 포수와 사수가 절반씩이었는데, 사수를 모두 포수로 전환하는 일이 논의되었다. 1640년 6월에는 충청병사忠淸兵使 신경진이 당시 속오군束伍軍 11만 명 가운데 5만 명을 선발해 전국에 비축되어 있던 조총 5만 정을 지급해 훈련시킬 것을 건의했다.

《비변사등록備邊司謄錄》 제6책, 인조 19년 6월조(1641)에는 다음과 같이 나와 있다.

5월 17일 충청병사 신경진을 인견할 때에 신경진이 아뢰기를 "우리나라 속오군은 모두 11만 명이고 8도에 비축된 조총의 수도 5만 정이 된다고 합니다. 지금 5만 명을 가려 뽑아 각기 조총을 지급하고 항상 연습하게 하며, 수령의 전최殿最를 그 부지런함과 태만함에 따라 시행한다면 반드시 성과가 있어 큰 힘을 얻게 될 것입니다"라고 했다.

신경진의 주장은 속오군 자체를 포수 중심으로 개편하자는 내용이었다. 속오군은 지방에 편성한 군대로서 1영營은 영장營將 1명, 파총把摠 5명, 초관哨官 25명, 기총旗摠 75명, 대총隊摠 225명 그리고 병사 2,475명으로 구성되었다. 즉 신경진은 속오군의 절반을 포수로 구성하자고 주장한 것이다.

인조의 적극적인 의지로 인해 포수의 비중은 급격히 늘어났다. 1649년 당시 수도 외곽 방어를 담당하던 총융청摠戎廳의 경우 포수가 5,400여 명에 달했다. 조총이 없는 병사에게는 훈련도감에서 조총 800자루를 지급했고, 총융청에서는 300자루를 추가로 제조했다. 인조 재위 말기 지방군의 경우에는 포수 비중이 40퍼센트 이상까지 높아졌다. 1627년 정묘호란 당시 한성으로 올라왔던 지방군의 포수비중이 20퍼센트 내외였던 점을 감안하면, 20여 년 사이에 조선군의 병종 구성이 급격히 변화했음을 알 수 있다.

전쟁 이후의 한국사

〈후층총수윤방도後層銃手輪放圖〉. 전층의 포수들이 사격하면 후층의 살수들이 엄호한 다음 다시 후층의 포수들이 앞으로 나와 연속 사격하는 운용방식을 정리했다. 경우에 따라 당파수와 장창수도 함께 화살을 날리지만, 이때 활은 조총에 비해 그 전술적 의미가 보조적이었다. 정조의 명으로 편찬된 병서 《병학통兵學通》에 수록되었다. 1785년.

〈포슈모양〉. 한 명은 앞을 향해 조총을 겨누고 있고, 다른 한 명은 탄환을 재고 있다. 김준근이 조총 포수를 그린 풍속화를 모사했다.

특히 동북 변경인 함경도는 포수 비중이 절반을 넘었다. 1648년 함경 감영이 거느린 병사 8,000명 가운데 4,000명이 포수였다. 중앙과 달리 제반 여건이 열악했던 함경도는 어떻게 조총을 제작해 조달했을까?

《부북일기》에 기록된 조총 제조

이 시기 함경도의 조총 제조를 짐작할 수 있는 기록이 남아 있다. 인조 22년인 1644년에 박취문이 작성한 일기다. 《부북일기赴北日記》는 박계숙과 박취문 부자 두 명의 일기다. 부자가 약 40년의 시차를 두고 각각 변방으로 일 년간 부방赴防하러 갔을 때의 일을 기록했다. 아버지 박계숙은 1605년 10월 울산을 출발해 함경도 회령에서 일 년간 부방 생활을 하고 1607년 1월 집으로 돌아왔다. 아들 박취문은 1644년 12월에 출발해 함경도 회령에서 부방 생활을 하고 1646년 4월에 돌아왔다.

《부북일기》 원본의 보존 상태는 비교적 양호하며, 총 79장 1책으로 부자의 일기가 합본되어 있다. 박계숙의 일기가 25장, 박취문의 일기가 55장으로 구성되어 있다. 부자가 일기를 쓴 동기는 분명하지 않지만, 부방 자체가 특별한 경험이었기 때문인 것으로 추정되고 있다. 부자는 일기에서 이동한 곳의 지명, 만난 사람의 이름, 숙박한 곳의 주인 이름까지 상세히 적어두었다.

《부북일기》는 대를 이은 부방 생활의 경험을 구체적이고 세세하게 정리함으로써 17세기 조선을 보여주는 생생한 기록물로 평가받는데, 박계숙의 일기(1605~1607)에는 조총에 관한 내용이 전혀 없다. 그에 반해 박취문의 일기(1644~1646)에는 조총에 관한 내용이 구체적으로 정리되어 있다. 박계숙의 부방과 박취문의 부방 사이에는 각각 1627년 정묘호란과 1636년 병자호란이 자리 잡고 있다. 아버지는 호란을 겪기 전에 부방을 경험한 반면, 아들은 호란을 겪은 후에 부방을 경험한 것이다. 그리고 박취문이 부방 생활을 할 당시는 인조가 병과에서 포수를 강조하고 조총 제조를 급격히 확대하던 시기였다.

박취문은 부방 기한이 얼마 남지 않은 상황에서 조총 400자루를 제조하라는 명령을 받았다. 당시 박취문의 심정은 다음의 일기에 잘 드러나 있다.

10월 29일, 공방工房에 차정되었다. 10월 30일, 또 조총별조감관鳥銃別造監官에 차정되었다. 군기청軍器廳에서 또 장무에 차정했다. 부방의 기한이 거의 다 되었는데, 조총 400자루를 만드는 일은 결코 한두 달 내에 완전히 마칠 수 있는 역役이 아니었다. 조총별조감관과 공방감관工房監官의 임무를 전부 교체해달라는 일로 진정하니, '마땅히 청에 따라 계책을 마련할 터이니 여러 소리 하지 말고 물러가서 임무를 살펴라. 내일부터 장인들 가까이 거주하면서 일을 시작해라. 400자루를 다 만들고 나면 즉시 방환

해주겠다'고 했다.

예정된 부방 기간이 끝났어도 할당된 조총 400자루를 완성하기 전까지는 집으로 돌아갈 수 없었다. 박취문은 답답한 마음에 여러 차례 건의했지만, 번번이 묵살되었다. 결국 300자루 가까이 제조한 후에야 임무가 교대되고 부방도 끝이 났다. 박취문이 조총 제작 감독관으로 재임한 기간은 1645년 10월 29일 공방에 임명된 이후부터 인수인계를 마친 1646년 1월 24일까지 총 88일이었다. 본격적으로 조총 제작에 나선 것은 타조打造가 시작된 1645년 11월 3일이었다. 따라서 실제 조총 제작에 소요된 시간은 총 83일이라고 할 수 있다.

83일간 제조된 총은 완성품 187자루, 미완성품 98자루, 사냥총 3자루였다. 미완성품까지 포함할 경우 총 288자루가 제조되었으며, 제조 속도는 하루에 약 세 자루 남짓이었다. 당시 훈련도감에서는 대장간 17곳에서 15일간 170자루를 생산했다. 훈련도감에서는 하루에 열한 자루 남짓을 제조했던 것이다. 중앙에 비해 함경도의 생산속도가 상당히 낮았다고 할 수 있다.

일반적으로 조총 제작은 총신銃身 타조, 주련注鍊 작업, 착혈鑿穴 작업, 부착물 부착, 총신 연마, 장가粧家 부착 순으로 이뤄졌다. 이를 위해 소로장燒爐匠, 야장冶匠, 찬혈장鑽穴匠, 연마장鍊磨匠, 장가장粧家匠, 착혈장鑿穴匠 등 다양한 제조 장인이 필요했다. 조총 제조에 동원된 장인 수와 숙련도 그리고 대장간과 화로 수 등에서 중앙과 지방 간에는 차이가 있었을 것이다. 그렇다고 하더라도 함경도 회령에서 80여 일만

전쟁 이후의 한국사

에 300자루에 가까운 조총을 생산해냈다는 것은 수목할 만하다.

1646년 1월 21일 박취문은 "세 달 반 동안 조총을 만든 바 연마와 장식 작업을 아직 하지 못한 총까지 합치면 거의 300자루에 달하고, 이제 철물이 거의 떨어졌기 때문에 얼음이 녹는 3월쯤이 되어야 취철吹鐵할 수 있습니다"라고 보고했다. 결국 1월 24일 오전 물건 모두에 대한 회계를 끝내고 후임자에게 인계한 다음에야 박취문은 다시 울산으로 돌아올 수 있었다.

《부북일기》에서 살펴볼 수 있듯이 조선은 연이은 전쟁을 경험한 다음 조총 생산과 보급에 심혈을 기울였다. 오래지 않아 1654년 청은 남하하는 러시아를 견제하고자 조선에 조총병 지원을 요청하고, 1658년 조총병 지원을 다시 요청할 정도로 이후 조선의 조총에 대한 이해와 숙련도는 크게 향상되었다.

나선정벌 이후,

종 갓 집 의   급 증

17세기 중엽 러시아(나선羅禪)가 만주의 흑룡강黑龍江 일대로 진출하면서 청과 충돌하게 되었다. 1654년 러시아가 쑹화강松花江 일대까지 남하해오자 청은 조선에 지원을 요청했다. 당시 조선은 조총의 중요성을 인식하고 제조와 훈련에 신경을 쓰고 있던 터였다. 조선은 함경도의 변급邊岌에게 150명의 조총병을 거느리고 청군과 합류케 했다.

변급은 닝구타寧古塔 일대에서 청군과 합류한 후 북상해 러시아군과 전투를 벌였다. 1차 나선정벌의 결과는 조선과 청 연합군의 승리였다. 이후 재차 청의 요청으로 1658년 조선은 신유申瀏에게 260여 명을 거느리고 청군과 합류케 했다. 신유는 닝구타에서 청군과 합류한 다음 북상해 러시아군과 전투를 벌였다(2차 나선정벌). 러시아군이 10여 척의 선박을 앞세우고 공격해 왔지만, 조선과 청 연합군의 대응에 수백 명이 전사했다. 조선과 청 연합군의 대승이었다. 2차 나선정벌 이후 조선에서는 큰 전투나 전쟁이 없었으며, 대신 국내에서 정치 변화가 극심해졌다.

1658년 6월 10일

조선군, 청의 요청으로 청과 러시아 간의 전투에 참전. 2차 나선정벌.

"사격 훈련에서 조선군은 200명 가운데 123명이 명중했으나 청군 100명 가운데 명중한 이는 몇 되지 않았다." 《북정록》

1873년 11월 3일

최익현, 고종에게 상소를 올려 만동묘와 서원의 복구를 요청.

"옛날에는 오직 종가에 후사가 없어야 이렇게 남의 자식으로 대를 잇게 했는데 후세에 와서는 종가고 방계고 먼 친척이고를 따지지 않고 뒤를 잇게 함으로써 그 길이 매우 넓어졌으니 이미 주공周公의 뜻에 어긋납니다." 《고종실록》

오늘날 천 개가 넘는 '큰집'들

임진왜란과 병자호란을 거치면서 종가宗家가 서서히 증가하기 시작해, 17세기를 거치면서는 동성마을과 종가가 급증하게 된다.

오늘날 한국에는 1,000개가 넘는 종가가 분포한다. 종가의 사전적 정의는 '한 문중에서 맏아들로 이어온 큰집'이다. 종가 문화는 중국 주周시대의 종법宗法에서 유래한다. 적장자 계승권은 중앙과 지방의 모든 작위에 적용되었고, 개별적 소종小宗들은 대종大宗을 높이는 문화로 정착했다. 이것이 종가 문화를 만들어냈다. 소종은 대종을 중심으로 단결할 의무가 있었고, 종손宗孫은 이들의 구심점 역할을 했다.

종가나 문중은 관습적인 것이라서 법적 또는 제도적인 근거 기준은 없다. 민간에서 말하는 자격 요건이 있지만, 이 또한 지역별로 편차가 크다. 보통 사당에는 부모(1대), 조부모(2대), 증조부모(3대), 고조부모(4대)까지 신위를 모신다. 자신을 기준으로 위로 4대까지 제사지낸다고 해서 4대 봉사奉祀라고 한다. 하지만 국가에 공훈이 있을 경우 신위를 옮기지 않고 대대로 모시는 경우가 있다. 불천위不遷位다.

나라가 위태로울 때 공을 세우거나 학문에 끼친 영향이 크거나 도덕적 귀감이 되는 경우에 불천위 추대가 이루어진다. 임금이 직접 국론을 거쳐 예조에 명해 교지를 내리는 방식과 지역 유림들의 천거를 받아 국론을 거쳐 하명을 내리는 방식이 있다. 전자는 국가 차원에서 천거되고 후자는 지역 차원에서 천거되는데, 국론에 의해 불천위 추대가 이루어지는 점은 동일하다. 모두 국가를 통해 이루어지기 때문에 국불천위國不遷位라 한다.

종가는 왜 경북에 집중되었을까?

전국의 불천위 인물은 약 500명이다. 서울 47명, 경기 109명, 충남 대전 48명, 충북 13명, 전남 광주 8명, 전북 25명, 경남 25명, 경북 대구 196명, 강원 5명 등이다. 서울의 경우 47명 가운데 45명이 공신이며, 경기는 109명 가운데 78명이 공신이다. 왕족과 관련된 종친, 외척, 인척 및 고관대작 출신들이 이 지역에 밀집해 있었기 때문으로 풀이된다. 이와 반대로 가장 많은 불천위 인물을 보유한 경북 대구는 196명 가운데 공신이 45명에 불과하다. 서울(96퍼센트)과 경기(72퍼센트)와 비교할 때 상당히 낮은 비율(23퍼센트)이다.

대개 이러한 불천위를 중심으로 종가가 형성된다. 물론 불천위 없는 종가도 많으며 불천위가 종가의 절대적 기준도 아니다. 종가를 구성하는 요소는 다양하다. 기록(문화저서 및 문집), 규범(문화가훈 및 일기), 건축(문화고택 및 사당), 생활(문화의례 및 음식), 조직(문화종회 및 족계) 등이 포함된다. 일반적으로 고문서, 불천위, 고택, 사당, 서원, 문중 등을 종합해서 종가를 조사한다.

한국국학진흥원의 종가 조사에 따르면, 2014년 12월 기준으로 전국의 지역별 종가 수는 서울 72개, 경기 132개, 인천 16개, 강원 68개, 충남 60개, 충북 96개, 대전 16개, 전남 92개, 전북 68개, 광주 4개, 경문묘향사도文廟祀圖. 성균관에 있는 선현 위패들의 배치도. 공자의 신위를 모신 사당인 문묘에 종사된다는 것은 국가로부터 학통을 계승했음을 인정받는 것이었다. 성균관대학교 박물관 소장.

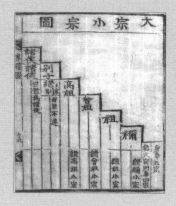

대종과 소종도.
《가례》에서 설명하는 대종과 소종. 대종은 부계 전체를 가리키며 소종은 고조부까지 올라가는 4대 조부를 가리킨다.

〈평택 임씨 분재기〉 중에서. 1799년(정조 23) 평택 임씨가 아들 넷에게 재산을 물려주면서 작성한 문서 가운데 일부다. '승중承重'(가부장을 이어 조상의 제사를 책임짐)의 명분에 따라 장남에게 많은 재산을 물려주는 것을 확인할 수 있다.

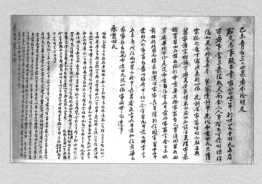

남 44개, 경북 434개, 부산 5개, 울산 6개, 대구 16개, 제주 24개다. 지역별 종가 수로 보면 경북, 경기, 충북, 전남, 서울, 강원 순이다.

여기에서 비정상적으로 보이는 지역이 있다. 경북의 경우 종가 수가 두 번째 많은 경기보다도 세 배 이상 많다. 전체 종가 1,153개 가운데 경북 종가가 434개로 37.6퍼센트에 달한다. 경북 가운데에서도 안동의 종가 수만 56개다.

한 연구자의 풀이가 흥미롭다. "권력에 가까웠던 서울, 경기의 '여권與圈' 가문은 관료지향적이고 국제적이며 개혁적 성향이 강했다. 반면 권력을 잃고 낙향한 '야권野圈' 가문은 학문 지향적이고 보수적이었다." 경상도에 종가가 많은 이유로 조선시대 영남 사림이 장기간 권력에서 벗어나 있으면서 향촌사회를 중심으로 기반을 다져나갔기 때문이라 한다. 중앙 권력 대신 지방을 선택했다는 설명이다.

이런 배경에서 관직의 고하를 중시하는 다른 지역과 달리 영남에서는 학문으로 인물을 평가하려는 경향이 형성되었다. 실제로 영남에서는 삼대가 벼슬길에 오르지 못하더라도 학행學行이 뛰어나면 선비로 대접받았다.

서울 집중 현상과 종가의 소멸

조선시대 전국에서 가장 세력 있는 이들은 두말할 나위 없이 서울 양반이었다. 경화사족京華士族이라 해서 대대로 한양에 터를 잡고 사는

전쟁 이후의 한국사

이들은 권력의 싱징이었다. 한양 양반들은 주로 북악산, 인왕산, 남산, 낙산 아래 모여 살았고, 그중에서 북악산 아래 북촌北村에 고관대작들이 세거世居하면서 권력과 부를 독점했다.

한양은 집과 집이 맞물릴 정도로 좁은 공간이었기 때문에 도성 안에서는 동족마을을 형성하기 쉽지 않았다. 명문 가문의 자손이라고 하더라도 함께 모여 살거나 조상의 집터를 지키며 세거하기 어려웠다. 또 한양 양반들의 경우 중앙과 지방의 관직에 나아가면서 이사하는 경우가 많았고, 새로 이사할 경우 명사들이 살았던 집터를 선호하는 경향도 있었다. 전국 각지의 인물과 문화가 한양으로 모여 들었는데, 오히려 이러한 특징으로 인해 서울은 종가나 종가 문화를 양산하기 어려운 구조가 되었다.

인구 규모를 감안했을 때, 경북의 종가는 다른 지역에 비해 너무 많다. 권력의 중심인 서울과 경기를 합친 것보다 두 배가 넘는 수치다. 1935년에 간행된《조선의 취락》을 살펴보면, 당시 전국의 종가는 남북한 합쳐 약 1,700개였다. 오늘날 북한을 제외하고 헤아렸을 때 그 수가 1,100여 개를 감안하면 당시와 큰 차이가 없어 보인다.

지역별로 종가 수를 다시 살펴보자. 1935년 당시 경북, 전남, 경기가 모두 200개를 넘었다. 경남, 충북, 충남도 100개를 넘었다. 일제강점기와 현재를 비교해 보면, 경북이 극단적으로 많은 것이 아니고 다른 지역의 종가가 급속히 감소했음을 알 수 있다.

한국에서도 산업화가 진전되면서 사회 변화와 인구 이동이 빨라졌다. 종가들도 이러한 시대적 흐름을 비껴갈 수 없었다. 상대적으로 근대화가 뒤처진 경북, 충북, 전남에 종가가 많이 남아 있는 이유다. 경북에서도 남부보다 경제가 낙후한 북부 즉 안동, 영주, 봉화, 상주, 문경 등에 월등히 많은 종가가 분포한다.

이는 동성마을 집성촌의 분포와 궤를 같이 한다. 상대적으로 관료 진출이 용이했던 서울 경기 가문은 동성마을을 많이 만들지 않았지만, 삼남지역(충청, 전라, 경상)은 그 반대였다. 물론 그중에서 경북이 가장 많다. 《조선의 취락》에 따르면, 1935년 당시 전국의 동성마을은 1,685개였다. 경북 246개, 전남 238개, 경기 235개, 황해 143개, 경남 135개, 충북 134개, 충남 131개, 평남 112개, 전북 92개, 강원 79개 순이다.

15~16세기에는 이성잡거異姓雜居 마을이 대부분이었지만, 17~18세기를 기점으로 부계 중심의 동성마을이 본격적으로 형성되기 시작했다. 동성마을에는 특정 성씨의 문중이 조직되었고, 서원書院, 정자亭子, 재실齋室, 신도비神道碑 등과 같은 유교 문화를 보유했다. 마을은 단순한 행정 단위를 넘어 혈연과 지연으로 결속된 생활공동체였다. 그 중심에 종가와 종손이 자리했다.

서원과 사우祠宇의 숫자도 이러한 경향과 크게 다르지 않다. 1935년 당시 전국의 서원과 사우는 680개였다. 지역별로 경상도 248개, 전라도 139개, 충청도 93개, 경기도 62개, 평안도 43개, 강원도 34개 순이다. 삼남지방 즉 경상, 전라, 충청이 가장 많다. 문화재청에 따르면 고택古宅은 150년 이상 된 한옥을 가리키는데, 전국 고택 가운데 60퍼센트가 경북 지역에 집중되어 있다. 문화재로 지정된 종택宗宅만 해도

전쟁 이후의 한국사

120여 곳이라 한다.

　동아시아는 임진왜란과 병자호란을 거치며 정치, 경제, 사회, 문화 등 다방면에서 혼란을 겪었다. 양란 이후 중국은 명에서 청으로 교체되었고, 일본 또한 에도(도쿠가와) 막부가 새로이 성립되었다. 하지만 조선은 수많은 변동을 겪었음에도 다시 일어나 왕조만은 그대로 이어갔다. 조선이라는 국가 시스템이 향촌을 기반으로 튼튼히 뿌리를 내리고 있었기 때문에 가능한 일이었다.

병인양요 이후, ─────────────────────────

쇄 국 정 책 의   강 화

19세기 조선 연안으로 영국, 프랑스, 미국 등의 이양선異樣船들이 자주 출몰했다. 1866년 미국의 상선 제너럴 셔면호가 대동강을 거슬러 올라가 평양에서 소란을 일으킨 이후, 조선은 서양에 대한 경계심을 더욱 강화했다. 조선은 서양 세력의 침략에 천주교가 앞장서고 있다고 판단해 대대적인 탄압에 나섰다. 이때 프랑스 신부와 조선인 신도들이 무수히 처형되었다.

1866년 9월 프랑스는 신부 살해에 대한 처벌과 통상조약 체결을 빌미로 조선의 강화도를 점령했다. 그러나 11월 강화도 정족산성전투를 고비로 프랑스는 조선에서 물러났다. 조선은 병인양요丙寅洋擾에서 승리했지만, 프랑스는 강화도의 수많은 문화재를 약탈해갔다. 이후 조선에서는 서양 세력에 대한 불신감과 자신감이 배가되면서 쇄국정책이 강화되었다. 1871년 4월에는 미국이 조선과 통상 교역을 하기 위해 강화도로 침입해왔다. 이 신미양요辛未洋擾를 겪으면서 조선은 더욱 쇄국정책에 매진하게 된다.

1866년 9월 3일

프랑스 해군, 조선 강화도 침공. 병인양요의 시작.

"이번 프랑스 전권 대신은 불인불의한 조선을 징벌하기로 정했으니 만약 귀를 기울여 명을 따르지 않으면 절대로 용서받지 못할 것이다. 재해와 흉환이 가까이 닥쳤으니 너희가 재난을 피하려고 한다면 조속히 회답하고 명령을 받드는 것이 마땅하다." 병인양요 직전 프랑스 로즈 제독의 서신 중에서.

1871년 4월 26일

미국, 제너럴셔먼호 사건을 빌미로 강화도 초지진에 상륙. 신미양요의 시작.

"오랑캐의 침입에 맞서지 않는 것은 곧 나라를 파는 행위다洋夷侵犯非戰則和主和賣國" 위정척사비 중에서.

프랑스의 강화도 무단 점령

1866년 병인박해丙寅迫害가 일어났다. 고종의 아버지인 흥선대원군은 프랑스 선교사 아홉 명과 조선인 천주교도 8,000명을 학살하는 등 천주교를 철저히 탄압했다. 이때 펠릭스 클레르 리델*Felix Clair Ridel* 신부는 조선을 탈출해 중국 텐진天津으로 가 프랑스 인도차이나함대 사령관 피에르 로즈*Pierre Rose* 제독에게 이러한 사실을 보고했다.

9월 18일, 로즈 제독은 프랑스 해군성의 명령을 받아 세 척의 군함을 거느리고 조선에 대한 군사행동을 단행했다. 프랑스 함대는 인천 앞바다를 거처 한강을 거슬러 올라와 서울 인근 서강까지 진출했다. 이후 지형 정찰과 항로 탐측을 바탕으로 지도를 제작하고 일단 중국으로 물러났다. 병인양요의 시작이었다.

10월 5일, 로즈 제독은 한강수로의 봉쇄를 선언하고, 10월 11일에 제2차 조선 원정을 위해 출항했다. 프랑스 함대는 함선 일곱 척과 천 명의 해병대를 거느리고 강화도에 나타나 포격을 시작했다. 10월 16일에는 강화부를 공격해 점령해 버렸다.

조선 정부는 강화도 탈환을 위해 금위영禁衛營에 순무영巡撫營을 설치하고 대장大將에 이경하, 순무중군巡撫中軍에 이용희, 순무천총巡撫千總에 양헌수를 임명했다. 조선군 주력은 김포의 통진부通津府에 주둔하며 강화도를 수복하고자 했다. 10월 26일, 조선군은 문수산성文殊山城에서 프랑스군과 충돌했으나 그들의 화력에 압도당했다.

양헌수는 화력에서 열세인 조선군이 프랑스군을 제압하기 위해서는 기병작전奇兵作戰을 수행해야 한다고 생각했다. 양헌수는 군사를 거느리고 남하해 덕포진德浦鎭에 주둔했다. 양헌수가 먼저 부하 세 명을 거느리고 정찰을 나섰는데, 강화도 쪽을 바라보니 작은 산성이 우뚝 솟아 있었다. 부하에게 물어보자 정족산성鼎足山城이라 했다. 지세는 사면이 높고 험하며 동남쪽으로 두 길만 트여 있어 공격하기 어려운 요새라고 했다. 양헌수는 소리쳤다.

이야말로 조사趙奢의 북산北山이 될 만하도다. 만약 양도糧道가 끊어지지 않고, 포수 500명이 바다를 몰래 건너가서 잠입해 점거한다면 적은 우리 손바닥 안에 있을 것이다.

강화도 출신인 부하는 흔쾌히 동의했다. "고기가 말라 들어가는 물에서 입을 오물거리는 것 같으니 영감令監께서 뜻을 굳혀 들어가 점거한다면, 수만 명의 생령이 이를 좇아 살아날 수 있을 것입니다." 마침 강화도 주민 수만 명이 정족산성 남쪽에 모여 있다는 말을 들은 상태였다.

양헌수가 언급한 조사의 북산은 중국 춘추전국시대에 있었던 일화다. 기원전 269년 진秦의 대군이 한韓을 공격해 상당上黨 지역을 점령하고 알여閼與 지역을 포위했다. 다급해진 한은 조趙에 구원을 요청했다. 조 혜문왕惠文王은 조사趙奢를 장군으로 삼아 알여를 구원케 했다. 조사는 수도를 떠나 30리 정도 행군한 후 진영을 구축하고 한 달 가까이 군사를 움직이지 않았다. 진 사신이 조사의 군영에 도착하자 음식을 잘 대접해 돌려보냈다. 조사가 싸울 의사가 없다고 판단한 진은 기뻐했다.

하지만 진 사신이 돌아가자마자 조사는 병사들의 갑옷을 벗게 하고 빠르게 진군시켰다. 이어서 알여에서 50리 떨어진 곳까지 몰래 접근해 진영을 구축했다. 진 군대와 조 군대 사이에 위치한 북산이 관건이었다. 조사는 만 명을 동원해 급히 북산을 점령케 했다. 조의 움직임을 인지한 진 군대가 북산을 공격했지만 실패했다. 이때 조사가 병력을 이끌고 진 군대를 공격해 대승을 거두었다. 결국 진은 알여에 대한 포위를 풀고 물러날 수밖에 없었다.

가능성을 가늠한 양헌수는 출정 준비를 서둘렀다. 지방의 포수들을 주력군으로 편성해. 향포수鄕砲手 367명, 경초군京哨軍 121명, 표하군標下軍 38명을 선발했다. 면포 꾸러미 250개를 만들어 2인 2일분의 식량을 담아 짊어지게 했고, 절편을 만들어 각자 두어 개씩 휴대케 했다. 등짐은 일정 구간을 지나면 250명씩 교대로 지게 했다. 이로써 출정 준비가 완료되었다.

작전의 성공을 위해서는 프랑스군의 눈에 띄지 않고 몰래 바다를 건너야 했다. 11월 6일은 음력 29일 즉 그믐날이었다. 조선군은 이날 밤을 틈타 배를 타고 바다를 건너기로 계획했다. 하지만 바람이 예상보다 거세졌고, 이러한 악조건에서 야간에 바다를 은밀하게 건너는

병인양요 당시 강화도를 습격하는 프랑스
함대. 프랑스 장교 후보생 앙리 쥐베르Henri
Zuber가 자신이 참전했던 병인양요 당시를 삽
화로 기록했다. 1866년경.

이항로의 상소문. 병인양요 당시 이항로가 관
직을 사양하며 올린 상소로, 위정척사를 내용
으로 하고 있다.

것은 불가능하다는 사실을 본진에 알렸다. 다음날 새벽이 되자 본진이 있는 후방으로 회군하라는 답장이 왔다.

납득하기 어려웠지만 명령이니 따를 수밖에 없었다. 출정에 나섰던 조선군은 본진으로 회군하기 시작했다. 하지만 10리도 못 간 상태에서 다시 덕포진에 주둔하라는 명령이 내려왔다. 군사들의 사기는 급속히 떨어졌다. 양헌수는 "몸을 되돌려 가면 더욱 추워서 입이 다물어지게 될 것이다. 하지만 나라의 신민으로서 어찌 이 같은 수고로움을 사양하겠는가. 모름지기 걸음을 재촉해 나를 따르라"며 부하들을 다독였다.

그리곤 다시 말머리를 돌려 덕포진으로 향했다. 날이 저물자 저녁식사를 하고 강화수로(염하수로)를 건널 배와 군사들을 점검했다. 밀물과 썰물의 때를 감안해 도하 시기와 장소를 선정했다. 부대는 전군, 중군, 후군 3군으로 나누어 승선케 했다.

양헌수가 이끌고 있던 군사들은 대부분이 향포수들이었다. 이들의 출신지를 살펴보면 강원도를 중심으로 경기도와 황해도가 많았다. 본래 이들은 주로 꿩 사냥을 업으로 삼은 민간인이었다. 양헌수는 군대의 신호체계나 군율도 제대로 모르는, 한마디로 오합지졸인 이들을 이끌고 적지로 들어가야만 했다. 제대로 훈련받지 못한 이들을 이끌고 프랑스군의 감시를 피해 강화도로 들어가는 것은 처음부터 무모한 작전이었을지도 모른다.

타이르고 아울러 승리를 만들어낸 리더십

군사들은 배에 오르는 것을 주저했다. 양헌수는 칼을 빼어 들고 "너희들은 배타기가 겁나는가. 비겁한 병졸은 비록 10만이 된다 한들 아무런 소용이 없다. 겁이 나면 모두 가거라. 내 장차 홀로 건너가겠다"라고 외쳤다. 그제야 병사들이 배에 오르기 시작했다.

이때 본진으로부터 편지가 도착했다. 다시 본진으로 회군하라는 명령이었다. 그러나 양헌수는 "군대가 이미 배에 올랐으니 중지시킬 수 없습니다. 만약 다시 회군한다면 앞으로 다시 용병할 수 없습니다"고 답했다. 이 무렵 양헌수의 본가에서도 사람이 왔다. 본가에서 겨울옷과 편지를 보내왔던 것이다. 양헌수는 "말에 오르니 집을 잊어버리고, 성을 나오니 내 몸을 잊어버렸다. 이제 장차 바다를 건너고자 하는데, 맹세코 살아 돌아오지 않겠다"고 답하고는 옷 보따리를 던져버린 후 배에 올랐다.

강화도에 도착해 하선을 명령하자 군사들이 또 주저했다. 앞 언덕 수풀에 적병이 매복하고 있는 것 같다는 이유에서였다. 이에 양헌수가 다시 나섰다. 먼저 하선해 지팡이로 언덕 수풀을 헤치면서 아무것도 없다고 외치자, 그제야 안심한 병졸들이 모두 하선했다. 양헌수가 이끄는 조선군 500여 명은 무사히 정족산성으로 진입했다. 양헌수는 주 접근로인 남문에 포수 161명, 동문에 150명을 배치하고, 북문과 서문에 157명을 배치해 방어 준비를 완료했다.

조선군이 정족산성을 점거했다는 소식이 로즈 제독 귀에 들어갔다. 로즈 제독은 마리우스 올리비에*Marius Ollivier* 대령에게 150명을 기느리고 조선군을 공격케 했다. 11월 9일 프랑스군은 정족산성의 동문과 남문으로 공격해 들어왔으나 조선군의 매복과 일제 사격으로 다수의 사상자를 내고 물러났다. 정족산성전투 이후 프랑스군은 강화도에서 철수했다. 그러나 그냥 물러나지는 않고, 강화부의 수많은 문화재와 재물을 약탈해갔다. 흥선대원군은 병인양요를 바라보며 결심을 굳혔다. 열강들의 침략을 맞은 조선의 선택은 쇄국이었다.

4부

**근현대,
전쟁 이후의
역사들**

운요호 사건 이후,

불 평 등   조 약 의   시 작

1875년 9월 20일 일본의 운요호雲揚號가 강화도로 와서 조선 수비병의 발포를 유도했다. 일본군이 작은 보트에 옮겨 타고 초지진草芝鎭으로 접근하자 경계를 서고 있던 조선군이 공격했다. 조선군이 공격하자 일본군은 소총으로 응사한 후 보트를 타고 운요호로 복귀했다.

다음날 일본군은 조선군의 공격에 대한 보복 조치로 함포 사격을 가해 초지진을 파괴하고, 영종진永宗鎭에 상륙해 조선군을 공격했다. 그 결과 조선군의 대포 35문을 탈취했을 뿐만 아니라 성내의 주민에 대한 살육과 방화도 자행했다.

운요호는 일본이 영국에서 수입한 근대식 군함이었고, 양상은 미국이 군함을 동원해 일본을 개국시켰던 1854년 함포외교의 모양새를 띠었다. 운요호 사건을 계기로 일본 내 반한反韓 여론이 일어났고, 이를 빌미로 일본 정부는 대규모 군대의 파견을 준비하면서 조선에 통상요구를 해왔다. 결국 1876년 2월 강화도에서 조선과 일본이 강화도 조약을 체결하게 된다.

1876년 2월 27일

조선과 일본, 불평등 조약인 조일수호조규 체결. 조선이 맺은 최초의 근대적 조약.

"일본국 인민이 조선국이 지정한 각 항구에서 죄를 범했을 경우 조선국에 교섭해 인민은 모두 일본국에 돌려보내 심리하여 판결하고, 조선국 인민이 죄를 범했을 경우 일본국에 교섭해 인민은 모두 조선 관청에 넘겨 조사 판결하되 각각 그 나라의 법률에 근거해 심문하고 판결하며, 조금이라도 엄호하거나 비호함이 없이 공평하고 정당하게 처리한다." 조일수호조규 제10관

1880년 4월 4일

조선 정부, 김기수를 정사로 삼아 일본으로 수신사 파견. 일본의 근대화를 사찰.

"신교新橋에 이르러 화륜차를 타고 횡빈橫濱에 이르러 철로의 관문에서 점심을 먹었다." 김기수가 일본 방문 당시를 기록한 《일동장유》 중에서.

강화도 조약은 어떻게 체결되었는가?

강화도 조약은 1876년 2월 27일 강화도에서 조선과 일본 사이에 체결된 근대적 조약이다. 정식 명칭은 조일수호조규朝日修好條規이며, 병자수호조약丙子修好條約이라고도 한다. 강화도 조약은 일본의 일방적인 무력에 굴복해 조선의 의지와 상관없이 체결된 불평등 조약으로 알려져 있다.

강화도 조약의 주요 내용은 부산 이외에 원산과 인천을 개항하고, 개항장 내 일본의 치외법권과 무관세를 인정하며, 일본의 조선 연안 측량을 자유롭게 허용하고, 양국이 수시로 외교 사절을 파견하는 것 등이었다. 한마디로 일본에게 유리한 조건이었다. 이러한 강화도 조약 체결의 발단이 운요호 사건이다.

1875년 9월 20일, 일본의 운요호가 강화도의 초지진에서 조선군과 교전을 벌였다. 당시 운요호는 일본 국기를 달고 중국 뉴장牛莊으로 가던 도중 식수를 구하기 위해 초지진으로 접근했다. 국기를 달고 식수를 구하기 위해 접근한 외국 국적의 선박을 조선군이 공격했으니 명백한 국제법 위반이라 할 수 있다.

그래서 당시 일본 신문에서는 '강화도 사변'이나 '한반도 사변'으로 보도됐다. 운요호의 함장 이노우에 요시카井上良馨는 1875년 10월 8일자로 공식 보고서를 제출했다. 주일 영국 공사나 프랑스 공사는 조선을 국제법도 모르는 미개한 국가로 인식했다. 이를 빌미로 일본의 강압에 따라 조선은 강화도 조약을 체결할 수밖에 없었다. 이것이

일반적인 강화도 조약의 체결 과정에 대한 설명이었다.

일본이 조작한 운요호 사건의 진실

1875년 12월, 일본은 조선에 파견할 전권변리대신全權辨理大臣에 구로다 기요타카黑田淸隆, 부대신에 이노우에 가오루井上馨를 임명했다. 1876년 1월 6일, 일본 사절단은 군함 여섯 척을 거느리고 도쿄를 출발해 조선으로 향했다. 1월 15일, 부산에 도착해 강화도로 향할 것이라 통보했다. 1월 25일, 경기 남양南陽을 거쳐 2월 4일에는 강화도 남쪽의 항산도에 정박했다.

조선은 협상 대상자로 신헌申櫶을 강화도로 파견했다. 2월 11일, 신헌은 일본의 구로다를 강화유수영 내 연무당鍊武堂에서 만났다. 신헌이 강화도 조약 체결 과정을 기록한 《심행일기沁行日記》에는 당시 구로다와 나눈 대화가 남아 있다.

"우리 선박 운요호가 작년에 뉴장을 향하던 중에 귀국 경내를 통과하다가 귀국인의 포격을 받았으니 교린의 우의가 어디에 있는가?" 구로다가 묻자 신헌이 답했다. "지난 가을에 온 선박은 애초에 어느 나라 배가 무슨 일 때문에 왔다는 사유를 먼저 통지하지 않고 곧장 방수防守하는 곳으로 진입했으니 변방 수비병의 발포 또한 부득이했다."

"운요호가 귀 경내를 지나다 포격을 받았을 당시 세 개의 돛에 모두 국기를 세워서 우리 선박임을 표지했는데 어째서 알지 못했다고 하는가?" 다시 신헌이 답했다. "당시 선박의 깃발은 바로 황기黃旗였으니 이를 가지고 다른 나라 선박으로 인식했기 때문이다. 설령 그것이 귀국의 국기였다고 하더라도 혹 변방의 수비병이 알지 못했을 수 있다."

신헌의 《심행일기》에는 운요호가 일본 국기를 달지 않고 황색기를 달고 있었다고 되어 있다. 이노우에 함장이 작성한 보고서 내용과는 전혀 다른 서술이다. 조선의 신헌과 일본의 이노우에 둘 중 하나가 거짓말을 하고 있다.

그런데 2002년 12월, 이노우에 함장이 최초 작성한 보고서가 확인되었다. 이노우에 함장이 일본으로 귀항한 다음날에 작성한 것이다. 1875년 9월 29일에 작성된 최초 보고서에는 운요호가 국기를 게양하고 있었다는 점과 식수를 구하기 위해 초지진에 접근했다는 언급이 전혀 없다. 보고서 내용을 보면 일본 해군이 황색기를 게양한 채 무단으로 초지진으로 접근해 조선군과 전투를 벌였을 뿐이다.

실제 운요호 사건은 9월 20일부터 22일까지 3일간 진행되었다. 하지만 10월 8일자 보고서에서는 9월 20일 하루 동안에 우발적으로 벌어진 일로 기록되었다. 일본의 침략 행위를 감추고 조선의 국제법 무지를 부각시키기 위해 최초 보고서 대신 10월 8일의 공식 보고서가 새롭게 작성되었던 것이다.

강화도 조약 이후 조선의 각성

비록 강화도 조약이 일본에 의해 체결되었지만, 조선은 강화도 조약을 통해 새로운 길을 모색하고, 이를 적극적으로 활용하고자 노력했다. 강화도 조약 체결 이후 조선은 일본을 방문하는 수신사修信使를 두 차례 파견해 일본과 서양 문물을 이해하고자 했고 정보 수집도 병행했다. 청에는 영선사領選使를 파견해 각종 신식 무기 제조기술을 습득하고자 했다.

또 강화도 조약 체결 이후 조선으로 건너왔던 일본인들에게 대한 감시도 철저히 강화했다. 1876년 7월, 조선으로 건너온 미야모토 고이치宮本小一 일행에는 첩보 수집을 위해 일본 육군 대위 쇼다 요모조勝田四方藏와 소위 마쓰미츠 쿠니스케益滿邦介도 포함되어 있었다. 이들은 조선의 지리와 군사에 관한 정보를 수집하고자 했다. 하지만 조선은 이동할 때 길 안내자와 호송할 병사를 붙였고, 이들이 머물던 청수관淸水館 주변에는 병사 200~300명을 배치해 자유로운 활동을 통제하기도 했다.

물론 한계도 분명했다. 신헌은 조약 체결 직후 "저쪽 사신이 왔을 때 우리가 접견했던 것은 옛 우호를 중수하기 위한 것이요, 새로 강화하려는 것이 아니었다. 양국의 교시交市도 동래부에 왜관을 설치했던 초기부터 있었던 것이며 지금 통상을 처음 허락하면서 생긴 것이 아니었으니 두 개 항구를 추가하는 데 불과할 뿐이었다"라고 언급했다. 조선 정부는 전통적인 한일관계의 틀 속에서 강화도 조약을 이해

1876년 4월 30일 요코하마에 도착한 조선 수신사 일행. 강화도 조약 이후 조선은 전통적인 화이관에 의거해 변방에 선진 문화를 전한다는 자세에서 벗어나 일본의 변화상을 견문하고자 했다. 《일러스트레이티드 런던뉴스*Illustrated London News*》.

하고 있었던 것이다.

강화도 조약 체결 과정에서 조선이 국제 정세를 제대로 이해하지 못했고, 미흡한 접근 방식을 취했다고 알려져 있다. 하지만 이것은 일본도 마찬가지였다. 1874년 일본은 대만 출병을 하고 있었기 때문에 조선에 전념할 수 없었다. 대만 출병이 마무리되자 시작한 것이 운요호 사건이었다. 당시 일본 내부에서도 강경파와 온건파가 대립하고 있었고, 조선을 무력으로 침략할 역량도 부족했다. 운요호 사건 당시 파병된 일본군의 병력 규모는 400명에 불과했다.

치욕을 기회로 삼지 못한 조선

1882년 6월, 임오군란壬午軍亂이 발생하면서 흥선대원군이 재집권을 모색했다. 이 과정에서 위협을 느낀 민씨 일파들이 청군을 끌어들였고, 결국 흥선대원군은 중국 톈진으로 끌려가게 되었다. 이로 인해 조선에서 청과 일본의 영향력이 커지게 되면서 정국은 더욱 혼란스러워졌다.

한편 강화도 조약 체결 이후 일본의 국내 정세는 급변하고 있었다. 1877년 메이지 신정부에 반발한 사이고 다카모리西鄕隆盛가 규슈에서 반란을 일으켰고, 1879년에는 류큐왕국을 오키나와현으로 편입시키는 등 조선을 돌아볼 겨를이 없었다. 하지만 당시 조선은 적극적으로 청이나 구미 열강과 교섭을 진행하거나 조약을 맺지 않았다. 이

전쟁 이후의 한국사

때 일본 외에 다른 국가들과 연대를 강화하고 근대화에 집중했다면 역사는 달라졌을 것이다.

　강화도 조약 이후 조선은 내부적인 권력 다툼으로 인해 국제 정세의 변화에 적극적으로 대응하지 못했다. 상대적으로 군사력과 경제력이 약했던 조선은 골든아워를 놓쳐버렸다. 이 사이 일본은 내부의 혼란 상황을 수습하고 다시 조선을 노렸고, 임오군란 이후 조선에 보다 적극적으로 개입하기 시작했다. 결국 일본은 청일전쟁(1894~1895)과 러일전쟁(1904~1905)을 거쳐 외부 개입을 배제하고 조선을 손아귀에 넣는다.

러일전쟁 이후,

'고 려 총 독 부'의 설 립

일본은 청일전쟁의 승리를 통해 한반도에서 청의 영향을
배제시켰다. 이후 남하하려는 러시아와 북상하려는 일본이
한반도를 사이에 두고 대치했다. 대한제국은 국외 중립을
선포했으나 이와 무관하게 상황은 전개되었다.
1904년 2월 8일, 일본은 러시아 함대가 정박하고 있던 뤼
순旅順을 기습했다. 9일에는 인천에 정박하고 있던 러시아
군함 두 척을 격침시키고, 다음날인 10일 러시아에 선전포
고를 했다. 러일전쟁의 발발이다.
일본은 6월 만주군 총사령부를 설치해 본격적으로 만주
를 공략할 준비를 했으며, 9월에는 랴오양遼陽을 점령했다.
1905년 1월 뤼순을 함락하고, 3월 봉천奉天전투에서 러시
아 대군을 물리침으로써 육상 전투는 거의 마무리되었다.
러시아는 전세를 만회하기 위해 유럽에 있던 발틱 함대를
불러들였다. 1905년 5월, 쓰시마 해협에서 러시아 함대와
일본 함대 간에 해전이 벌어졌고, 결국 일본이 승리했다.

1905년 5월 27일

일본제국 연합 함대, 러시아제국 발틱 함대를 격멸.

1910년 9월 30일

일본제국 조선총독부 및 소속관서의 관제 공포.

"한국의 통치권을 친근하고 신임하던 이웃나라 대일본 황제 폐하께 양여해 밖으로 동양의 평화를 공고히 하고, 안으로 팔도 민생을 보전케 하노니, 그대 대소 신민들은 나라의 형편과 시기의 적절함을 깊이 살펴서 번거롭게 동요하지 말고, 각각 그 생업에 편안히 하며 일본 제국의 문명 신정에 복종해 모두 행복을 받도록 하라." 《승정원일기》 마지막 날 기사에 기록된 칙유

러일전쟁은 예상과 다르게 일본의 승리로 끝이 났다. 1905년 7월, 일본과 미국 사이에 일본의 한국 지배와 미국의 필리핀 지배를 서로 인정하는 가쓰라-태프트 각서가 조인되었다. 원래 영일 동맹을 맺고 있던 영국도 1905년 8월 동맹 내용을 개정해 일본이 한국을 '보호' 조치하는 것을 승인했다. 이로써 일본은 한반도 내에서 청과 러시아의 세력을 완전히 배제하고 '독점적' 지위를 차지했다.

당시 러시아는 발틱 함대의 패배와 국내에서 발생한 혁명으로 더 이상 전쟁을 수행할 수 없었다. 일본은 유리한 강화 조건을 이끌어내기 위해 마지막 작전으로서 러시아령 사할린을 점령했다. 결국 9월 5일 포츠머스 강화조약이 체결되었다. 이 조약을 통해 일본은 사할린 남부를 할양받고, 남만주에 대한 영향력을 확대했다. 또 한반도에 대한 우월권을 공고히 함으로써 한국을 점령할 수 있는 토대를 확보했다.

이 무렵 만주의 중요성에 주목한 인물이 있었다. 시라토리 구라키치白鳥庫吉(1865~1942)는 도쿄제국대학 사학과 1기생으로 가쿠슈인대학과 도쿄제국대학에서 교수를 역임했다. 그는 조선사 연구를 시작으로 만주사, 몽골사, 중앙아시아사 등으로 연구 영역을 확장했다. 러일전쟁 당시에는 만주를 중립지로 설정해 서구 열강을 배제할 필요가 있다고 주장하기도 했다.

러일전쟁 이후 시라토리 구라키치는 만주와 조선의 관계에 주목했다. 조선을 확실히 확보하기 위해서는 만주를 장악할 필요가 있으며, 특히 요동반도가 중요하다고 파악한 것이다. 그는 역사적 근거로서 고구려를 주목했다. 요동반도가 고구려의 '장벽'으로 작용해 수와 당 제국의 침입을 막아냈던 사실을 상기시켰다. 즉 한반도는 요동반도를 확보해야 독립이 가능하며, 요동반도는 요하遼河 상류 유역을 확보해야 지배가 가능하다고 보았다. 따라서 시라토리는 일본이 한반도를 완전히 경영하기 위해서는 반드시 요동반도에 일본세력을 둘 필요가 있다고 주장했다.

이나바 이와키치稻葉岩吉(1876~1940)는 1900년대 초반 중국에 유학한 후 러일전쟁 당시 일본 육군 통역으로 종군했다. 러일전쟁 이후에는 남만주철도주식회사(약칭 만철)의 만선역사지리조사부에서 만선사滿鮮史를 연구했다. 역사조사부가 폐지된 이후에는 조선사편수회에 들어갔고, 1925년부터 조선총독부 수사관修史官으로서 고려시대와 조선시대에 대한 서술을 담당했다.

이나바 이와키치는 역사상 몽골족이나 만주족 등의 한반도 침입과정을 보면, 압록강은 천혜의 요해지가 되지 않는다고 보았다. 따라서 압록강이나 대동강을 수비하는 것은 소극적인 보장에 지나지 않으며, 한반도를 장악하기 위해서는 보다 적극적인 보장이 필요하다고 주장했다. 이나바 이와키치 역시 시라토리 구라키치처럼 고구려에 주목했다. 고구려가 요동반도를 차지하고 있었기 때문에 한반도를 보전할 수 있었다고 본 것이다. 이에 따라 러일전쟁 이후 일본의 한반도 지배를 위해서는 고구려 역사를 참조해 요동반도를 차지하는 것이 무엇보다 중요하다고 주장했다.

이나바 이와키치는 한반도를 경영하기 위한 거점으로 경성(서울)은 적합하지 않다고 보았다. 그의 주장에 따르면 고구려의 사례를 참고했을 때 경성보다는 고구려의 수도였던 평양이 한반도 경영의 거점으로 더 적합했다. 일본의 한반도 강제점령이 가시화되었을 무렵, 일본은 조선과 대한제국의 수도인 경성이 아니라 고구려의 수도였던 평양을 주목했던 것이다.

"조선총독부가 아니라 고려총독부입니다!"

당시 일제의 만주군 참모들도 만주와 한반도를 통일된 기관이 통치해야 한다고 주장했다. 관동 총독을 폐지하고 한국주차군 사령관의 권한을 확대해서 '하나의 식민지 총독'을 두어야 한다는 견해였다. 이러한 주장에 만주군 참모장 고다마 겐타로兒玉源太郎도 동의했다. 1906년 고다마가 갑자기 사망하자 관동도독부와 남만주철도주식회사 등에서 이러한 논의가 진행되었다.

만철은 러일전쟁 후 일본이 러시아로부터 양도받은 철도와 부속지를 바탕으로 1906년에 설립되었다. 초대 총재로 고토 신페이後藤新平(1857~1929)가 부임했다. 고토 신페이는 만철 내에 여러 조사부를 설치했는데, 그 가운데 역사조사부도 설치되었다. 역사조사부 주임으로 시라토리가 임명되었고, 연구원으로 이나바가 활동했다. 역사조사부는 1908년 1월에 설치되어 1915년 1월까지 존재했다.

이나바 이와키치가 1939년에 남만주철도회사에서 출간한《고토 신페이와 만주역사조사부後藤平伯と滿洲歷史調査部》에는 흥미로운 대화가 남아 있다.

만철 총재였던 고토 신페이가 역사조사부에 물었다. "총독부를 설치하는 곳으로는 역사적 관점에서 경성이 괜찮은가? 또 총독부의 명칭은 어떤 것이 좋다고 생각하는가?" 시라토리 구라키치 등은 답했다. "총독부는 반드시 평양에 설치해야 한다. 경성은 안 된다. 지금 또 하나는 조선이라는 명칭은 적당하지 않다. 오히려 '고려총독부'라고 해야 한다."

'만주의 영향은 곧바로 조선에 반영되고 조선의 움직임은 곧바로 만주에 반영된다'라는 만선일체滿鮮一體의 논리였다. 시라토리는 경성이 남쪽으로 치우쳐져 있기 때문에 평양에 총독부를 두는 것이 좋다고 여겼다. 또 '조선'이라는 명칭은 이미 퇴락한 이미지로 새롭게 총독부를 창설하면서 옛 명칭을 그대로 답습하는 것은 적당하지 않다고 보았다. 이에 따라 그는 "조선 사람들이 예부터 만족하고 있는 고려, 세계적으로 코리아라는 명칭이 적당하다"고 주장했다.

고려총독부라는 명칭에서 '고려'는 왕건이 건국한 고려가 아니다. 한반도와 만주를 영유했던 고구려였다. 만선사滿鮮史는 만주와 조선을 하나의 역사 단위로 보는 식민사관의 일종이다. 만선사관의 목적

근정전을 가로막고 선 조선총독부.

광화문 앞에 터를 잡고 공사 중인 조선총독
부. 1916년.

은 만주를 중국의 역사에서 분리해 만주 침략을 합리화하기 위한 노림수에 있다. 고려총독부는 러일전쟁 이후 일본이 조선과 만주를 장악해나가는 과정에서 구체적인 정치성을 띤 채 구상되었던 것이다. 이를 주도한 이들이 바로 만철의 역사조사부였다.

역사조사부의 견해를 들은 고토 신페이는 매우 기뻐하며 일본 내각회의에 이 안을 제출했다. 하지만 '고려총독부'는 채용되지 못했다. 한국통감 데라우치 마사타케寺內正毅가 이미 조선총독부를 경성에 설치하기로 정해두었기 때문이다. 훗날 고토 신페이는 '고려총독부'가 설치되지 못한 것이 매우 유감이라고 했다고 한다.

만주 침략으로 끝난 일본의 고구려사 연구

1931년 9월 18일, 류타오후柳條湖 사건이 발생했다. 일본은 자신들이 관할하던 선양瀋陽역 북쪽 류타오후 부근 남만주철도의 선로를 스스로 폭파한 후 중국 측 소행이라고 주장했다. 이를 빌미로 관동군을 동원해 전격적으로 만주 지역을 장악했다. 이어서 1932년 3월 1일에는 괴뢰국가인 만주국을 세웠다.

1915년 만철의 역사조사부는 폐지되었지만, 1932년 만주국이 들어서면서 '만선일체'라는 슬로건은 강조되었다. 특히 제7대 조선총독 미나미 지로南次郎는 만선일체화를 적극적으로 주장했다. 이 과정에서 이나바 이와키치는 조선인들이 적극적으로 만주로 진출할 것

전쟁 이후의 한국사

을 주장했고, 조선인들의 적극적 만주 진출이 조선 민족의 발전을 위해서도 필요하다고 보았다.

이후 만주 지역에 대한 일체성은 일본을 포함하는 일체성으로 더욱 확대되었다. '만선일체'에 더하여 일본과 만주의 경제 블록인 '일만일체日滿一體'도 강조되었다. 비록 '고려총독부'가 설치되지는 않았지만, 러일전쟁 전후 대두된 만선사관은 만주국이라는 괴뢰국 건설로 그 결실을 맺었다.

의병전쟁 이후,

이 름 없 는 이 들 의 투 쟁

일제에 맞선 의병전쟁은 세 시기로 구분된다. 1895년 명성
황후가 시해된 을미사변을 계기로 발생한 의병, 1905년 일
제의 침략이 노골화된 을사늑약으로 촉발된 의병, 1907년
대한제국 군대가 해산된 이후 본격화된 의병이다. 1895년
의 경우 을미사변과 단발령 등으로 인해 유생들이 주축이
되어 의병을 일으키고 백성들이 이에 호응했다. 1905년의
경우 유생들이 지휘부를 구성하고 농민층이 대대적으로 가
담함으로써 전국적으로 확산되었다. 1907년의 경우 군대
가 해산됨에 따라 군인들이 의병부대에 합류하면서 의병전
쟁의 양상이 완전히 바뀌었다.
해산 군인들의 참여로 병력과 무기가 강화된 의병들은 서울
로 진격하기 위해 연합전선을 형성하기도 했다. 13도에서
모여든 의병연합부대들은 서울로 진격했지만, 동대문 밖에
서 일본군의 저항에 부딪혀 패하고 말았다. 이후 전국으로
흩어져 유격전을 펼치며 일본군을 공격했고, 일제의 탄압이
심해지자 만주나 연해주로 이동해 항일전을 지속했다.

1907년 8월

군대 강제 해산 이후 전국적으로 의병 봉기.

"저는 울분을 참을 수 없어서 일본사람들을 쳐 없애고 오적들을 처단해 우리의 국권을 회복하고 우리의 백성들을 구원하며 종묘사직을 보존해 군신 상하가 함께 태평을 누리고자 계획했습니다. 이에 병오년(1906) 봄에 동지들을 규합해 의병을 일으켜 같은 해 4월 18일 홍산에 모여 서천으로 들어가 총과 탄환을 취하고 남포에 들어가서도 이와 같이 했습니다." 의병장 민종식의 법정 진술 중에서.

1909년 9월 1일

일제, 전라도 지역 의병들의 말살을 목적으로 '남한대토벌작전' 실시.

1907년 8월, 군대 해산 이후 전국적으로 의병들이 봉기했다. 일본군의 주요 공격 목표는 해산 군인과 이들과 결합한 의병세력이었다. 1907년부터 1908년까지 황해도, 경기도, 강원도를 중심으로 의병과 일본군 간의 전투가 치열하게 전개됐다. 중부지역의 의병 활동이 점차 사그라지자 1909년부터는 경상도와 전라도에서 전투 횟수가 급증한다. 특히 전라남도에서만 466회의 전투가 발생했고, 2월과 3월에 전투가 집중됐다.

1909년 4월 7일, 순천경찰서 관내 돌산군 손죽도異竹島에 정체불명의 무리가 나타났다. 이들은 모두 37명으로 청색, 적색, 백색의 한인복韓人服을 입고 엽총 25정과 권총 10정 그리고 한도韓刀로 무장하고 있었다. 이들은 어류를 구입하기 위해 정박 중이던 일본 어선을 습격해 일본인 한 명을 사살하고 소지금 150원을 약탈한 후 어구와 어망 등을 바다에 내다버렸다. 나머지 일본인 두 명은 전마선傳馬船을 타고 달아났다.

4월 10일, 일본인 다섯 명이 거문도 일대의 황무지를 조사하기 위해 부산에서 범선을 타고 출발해 16일 거문도에 도착했다. 17일 거문도에 상륙한 이들이 두세 곳을 둘러본 후 배에서 점심식사를 하고 있던 때였다. 약 40명의 무리가 총을 쏘며 습격해왔다. 일본인들이 탄 범선이 제주도 방면으로 달아나자, 이들은 배 세 척으로 추격하며 8~9회 총격을 가했다.

4월 14일, 오후 2시경 완도군 평일도平日島 연안에 일본 어선 한 척이 정박하자 해변에 있던 14명이 즉시 사격을 가해왔다. 4월 16일 오후 11시경에는 무리 30명이 완도군 노화도蘆花島에 나타나 주막 주인을 협박하고 16원을 빼앗은 후 사라졌다. 4월 17일 오후 4시경 상인으로 위장한 2명이 완도군 생일도生日島에 나타나 대장간에서 총기를 수리하고 사라지기도 했다.

이들 정체불명의 무리는 해상에서 활동하던 의병들이었다. 일본은 이들을 비도나 폭도 혹은 해적이라 표현했다. 1909년 4월 한 달 동안 일본이 전라남도에서 의병에게 입은 피해와 상황들이 정리되었다. 총 124건이 보고되었다. 이 중에서 해상 피해도 적지 않았다. 일본인에 대한 어선 습격, 어선 징발, 금품 강탈 등이었다.

4월 24일 밤, 무안군 지도智島에서 대규모 총격전이 벌어졌다. 당시 전라남도 경찰부장 무라카미 노리사다村上則貞가 지도의 순사주재소를 순시하고 숙박하던 차였다. 의병 약 50명이 순사주재소를 삼면으로 포위하고 총격을 가했다. 전라남도 경찰부장의 수행 순사와 주재소 순사가 이에 대응하면서 30분간 총격전이 벌어졌다. 교전 중에 의병이 일본인 주택에 불을 지르기도 했다. 총성이 잦아들자 의병들은 다시 배를 타고 사라져 버렸다.

의병들이 지도 총격전에서 큰 성과를 거두지는 못했지만, 전라남도 경찰부장 무라카미의 순시 동선을 파악하고 급습한 것임에는 틀림없다. 습격을 당한 무라카미 노리사다는 내부內部 경무국장 마츠이 시게루松井茂에게 보고서를 올렸다. '해상폭도 토벌 편성의 건'이었다. 해상 의병을 '토벌'하기 위해 돌산 수비대의 고바야시小林 군조軍曹를 지휘관으로 삼고 병사 약간 명과 통역 한 명을 붙여 증기선 우메마루梅丸호에 승선시켜, 4월 24일 '해상폭도 토벌대'를 편성한다는 내용이었다.

일본의 해상 의병 토벌작전

일본의 '해상폭도 토벌대'는 돌산군 나로도羅老島를 기점으로 해서 동쪽으로 여수 광양만까지, 서쪽으로 거금도居金島와 거문도 방면에서 활동하는 것으로 계획되었다. 의병들의 주 활동 무대가 현재의 고흥군과 여수시 그리고 거문도 일대였음을 짐작할 수 있다. 5월 순천경찰서는 거문도 돌산군의 수비대와 함께 의병들의 동향을 정탐했다. 주민들은 화승총 20정과 군도軍刀 두 자루를 소지한 의병들이 다음과 같은 말을 남겼다고 전했다.

우리 단체는 세 척의 배로 행동하는데, 한 척의 승선 인원은 15, 16명 또는 20여 명이다. 흥양, 돌산, 남해, 완도 여러 섬의 해안을 밀항하고, 일본인을 동해 쪽으로 방출하지 않으면 안 될 이유로 동포인에게는 피해를 가하지 않는다. 따라서 우리들의 통과를 일본인에게 말하는 것을 금한다.

이 단체는 세 척의 배를 타고 활동하며, 총 인원이 30~60명 정도 였음을 알 수 있다. 일본의 '해상폭도 토벌대'는 정체불명의 이 단체를 찾을 수 없었다. 그런데 6월 장흥경찰서장은 경무국장 마츠이 시게루에게 5월의 폭도 상황에 관한 보고서를 올린다. 강진 순사주재소가 장흥경찰서장에게 보고한 것을 정리해 다시 보고한 것이다. 강진 순사주재소의 보고에 따르면, 5월 중 '폭도' 활동은 여섯 건이었는데 다섯 건이 해상에서 벌어진 일이었다.

5월 20일 각자 화승총을 소지한 30명이 완도군 고금도古今島에 상륙해 식사를 하고 강진군 방면으로 이동했다. 5월 23일 각자 화승총을 소지한 약 30명이 완도군 신지도新智島에 상륙해 일본인의 존재 여부를 묻고 없다고 하자 종적을 감췄다. 5월 25일 세 명이 완도군 고금도에 왔다가 곧바로 떠나버렸다. 5월 30일 각자 화승총을 소지한 18명이 완도군 고금도에 상륙해 아침식사를 한 후 곧 조약도助藥島 방향으로 떠났다. 5월 31일 각자 화승총을 소지한 30명이 완도군 신지도新智島에 도착해 저녁식사를 하고 어디론가 사라져 버렸다.

화승총을 소지한 약 30명의 무리가 완도 일대의 여러 섬들에 출현했다 사라졌다. 각자 무기를 소지하고 일본인의 행방을 물은 점에서 해상 의병이라 할 수 있다. 앞서 고흥과 여수 그리고 거문도 일대에서 활동하던 바로 그 단체였던 것이다. 이들은 나로도를 중심으로 일본 수비대의 정찰이 강화되자, 그 거점을 서쪽의 완도 일대로 옮겨 활동했다.

"신식 군복을 입은 자의 통솔을 받는 20여 명의 의병을 만났다. 그들 가운데 몇인가는 16세를 넘지 않았다. ⋯ 그들은 희망 없는 전쟁에서 죽을 것이 거의 확실했다. 그러나 나는 그들의 눈빛과 미소를 보며 깨닫는 바가 있었다. 그들에게 측은지심을 품는 것은 잘못된 생각이다. 그들은 자신의 동포들에게 자존심이 뭔지를 보여주고 있기 때문이다."

—

1907년 조선의 의병들. 영국《데일리 메일》의 기자 맥켄지Frederick Arthur McKenzie는 당시 한국 의병들을 취재하며 깊은 인상을 받았다.

이후 6월부터 8월까지 30~40명 단위의 해상 의병 활동은 확인되지 않는다. 그런데 9월 3일 다시 이 단체로 추정되는 움직임이 포착된다. 의병 34명이 돌산군 거금도 방향에서 한선韓船으로 흥양군 도화면에 상륙해 구암리를 습격했다. 이에 일본은 순사 세 명과 수비병 열두 명으로 '토벌대'를 편성했고, 이들은 오후 9시에 구암리에 도착했다. 하지만 의병 34명은 이미 세 시간 전에 도화면 동수리 방향으로 사라진 후였다.

다음 날 '토벌대'가 복귀하는 도중에 주민으로부터 밀고가 있었다. 그의 말에 따르면 도화면 구암리를 습격한 우두머리는 흥양군 포항면 해창海倉에 거주하는 김덕화金德化의 아들이라고 했다. 이름은 미상이며 나이는 29세라고 했다. 우두머리는 보성군과 흥양군에 부하 60~70명을 거느리고 있으며, 흥양군, 장흥군, 보성군의 중간에 위치한 보성군 금양도金兩島가 각 방면에서 출몰하는 '폭도'의 근거지가 되어 있었다고 했다.

일본은 1909년 9월 1일부터 약 2개월에 걸쳐 '남한대토벌작전'을 실시했다. 한국임시파견대 사령부의 계획에 따라 전라도의 의병들을 완전히 제거한다는 목적이었다. 보병 2개 연대와 수뢰정 4척으로 구성된 제11정대艇隊를 투입해, 전라도 일대를 이 잡듯이 뒤져 의병을 '토벌'하고자 했다.

도서지역에 대한 수색과 정찰도 진행되었지만, 해상 의병대의 우두머리는 끝내 찾을 수 없었다. 이 단체의 이름도 우두머리의 이름도 알 수 없었다. 일본 측 보고서에는 '수괴불명首魁不明'으로 기록되었다. 29세의 해상 의병장은 화승총으로 무장한 의병 수십 명을 이끌고 세 척의 배로 남해안을 종횡무진하다 역사 속으로 사라졌다.

일제 침략 이후,

담 배 전 매 의 시 작

1910년 8월 29일, 경복궁 근정전에 일장기가 내걸렸다. 일제는 조선을 강제 병합하고 경제 침탈을 가속화했다. 1908년 동양척식주식회사를 설립하고 1910년 토지조사국을 설치했다. 1912년 토지조사령을 내려 미신고된 공유지나 개인 소유지를 총독부가 차지했다. 1910년 회사령을 내려 회사 설립 시 총독부의 사전 허가를 받도록 하여, 조선 자본의 성장을 억제했다. 1911년 조선삼림령을 내려 전체 삼림의 절반 이상을 총독부 소유로 만들었고, 조선어업령을 내려 대한제국 황실 및 개인 어장을 일본인 소유로 재편했다. 1915년에는 조선광업령을 내려 전국의 광산을 장악했는데, 일본인 소유 광산이 80퍼센트가 넘었다.

1920년 회사령이 철폐되고 회사 설립은 허가제에서 신고제로 전환되지만, 이미 조선 자본가는 고사한 단계였고 일본 자본가들의 투자가 극대화되었다. 이 무렵 경성방직을 비롯한 민족기업이 출현하기도 했지만, 한국인 회사는 대부분 대자본으로 성장하지 못했다.

1904년 4월 30일

일본제국군, 압록강변에서 러시아제국군과 충돌해 승리. 러일전쟁 최초의 육상전.

2002년 12월

한국담배인삼공사, 담배사업법 개정으로 인한 담배전매권에 대한 조항 폐지를 바탕으로 임시주주총회 의결을 통해 공기업에서 민간기업으로 변환.

"부녀자는 흡연자가 될 수 없나니!"

전매제도專賣制度는 국가가 특정 재화의 생산이나 판매를 독점하는 것이다. 보통 수익을 목적으로 하는 것과 공익을 목적으로 하는 것으로나뉜다. 대표적으로 수익을 목적으로 전매하는 것은 담배고, 공익을목적으로 전매하는 것은 소금이다. 현재 소금은 전매하지 않지만, 담배는 최근까지 국가가 전매를 했다. 그렇다면 담배 전매는 언제부터시작되었을까?

담배는 1492년 콜럼버스가 신대륙을 발견한 이후 서양에 전래되었다고 전한다. 16세기에는 필리핀 등을 거쳐 일본에 소개되었고, 임진왜란을 전후해 조선에도 전래되었다. 17~18세기를 거치면서 담배는 광범위하게 보급되었고, 상품가치가 높아 재배 농민이나 판매상인이 급격히 늘어났다.

개항 이후 담배의 수요가 증가하면서 외국 담배가 수입되기 시작했다. 외국산 담배에 자극을 받아 조선에도 담배 가공기술에 대한 관심이 높아졌다. 그 결과 권연국卷煙局, 연무국煙務局, 순화국順和局 등 담배 제조소와 판매소가 설립되었다. 1894년 김홍집 정권에서 거리에서 담뱃대 사용을 금지하자, 재래의 엽연초葉煙草가 줄어들고 종이가말린 제조 연초의 수요가 급증했다.

19세기 말 무렵 조선에서 흡연은 크게 성행했고, 이에 따라 흡연예절도 만들어졌다. 1910년 탁지부度支部에서 작성한《한국연초조사서》에는 다음과 같은 내용이 남아 있다.

아버지와 형님은 물론 연장자 앞에서 담배를 피우는 것은 어른에 대한 결례이니 흡연하지 않는다. 길거리에서 높은 사람이나 연장자를 만났을 때, 담뱃대를 눈앞에 보이는 것은 결례이니 담뱃대를 곧바로 뒤로 감춘다. 여자가 남자 앞에서 담배를 피는 것은 결례이니 몰래 담배를 핀다. 연장자가 여자에게 '담배를 피우냐?'고 물으면, 설령 흡연할지라도 '네'라고 대답하는 것은 공손하지 못하고 반드시 흡연하지 않는다고 대답하는 것이 예의다.

침략과 함께 들어온 신식 담배

1904년 2월 러일전쟁이 발발했다. 러일전쟁 기간에 일제는 대한제국에 대한 영향력을 확대하고 내정간섭을 강화했다. 8월 22일 일제는 제1차 한일협약을 강제했다. 제1차 한일협약에 따라 일제의 고문정치顧問政治가 시행되었다. 메가다 다네타로目賀田種太郎는 탁지부度支部의 고문으로서 대한제국으로 건너왔다. 그는 부임 후 재정 및 경제적 병합에 주력했다.

화폐제도와 징세제도의 개혁 등을 통해 새로운 재원을 확보하는 것이 목적이었다. 그 일환으로 '연초산업조사煙草産業調査'가 시행되었다. 재정고문부가 담배의 주 생산지와 제조장으로 인원을 출장 보내서 경작, 제조, 판매에 대한 조사를 하는 것이었다. 이 조사는 1905년부터 1911년까지 장기간 진행되었다. 이 시기 소금에 대해서도 동일

전쟁 이후의 한국사

하게 조사가 진행되었다. 이를 통해 당시 담배와 소금이 국가의 주요 재정 수입원으로 인식되고 있었음을 알 수 있다.

1909년 2월, '연초세법煙草稅法'이 공포되었다. 제1조에는 "연초 경작자 또는 연초 판매업자는 정부의 면허를 받아야 한다"라고 되어 있다. 생산과 유통을 정부가 직접 관리하는 체계를 만들고, 생산자와 판매자에게는 경작세와 판매세를 부과했다. 연초세법에는 담배 생산업 및 판매업을 면허제로 하는 조항이 포함되어 있는데, 이는 세금을 확실히 징수하고 생산자와 판매업자를 동시에 통제하기 위함이었다.

1914년 3월, 연초세령煙草稅令이 시행되었다. 이에 따라 경작세와 판매세에 대한 과세 구분이 세분화되었다. 새로운 담배 제품에는 제조세와 소비세(10퍼센트)를 신설해 부과했다. 1918년에는 소비세율을 10퍼센트에서 25퍼센트로 인상했다. 1920년에는 담배의 제조 전매제도가 계획되었다.

일제가 1920년에 담배의 제조 전매제도를 시행하려 했던 까닭은 재원을 확보하기 위해서였다. 일제는 앞서 조선에서 영국제 담배의 수입과 판매를 둘러싸고 영국과 협상한 적이 있다. 그 결과 1910년 강제병합 이후 10년간 관세 거치기간에는 전매제도를 시행하지 않기로 했었다. 이제 관세 거치기간 10년이 종료됨에 따라, 일제는 전매를 통해 조선에서 새로운 재원을 창출할 수 있었다. 실제로 1차 세계대전 종전 후 전후 공황으로 인해 세수가 감소했고, 3.1운동의 결과 '문화통치'를 하기 위한 재정 지출이 많아졌다. 담배 전매를 통해 재정 수입을 늘리려는 노력은 시대의 요구에 따른 것이었다.

결국 담배 전매 실시계획이 일본 제국의회를 통과했고, 1921년 7월 담배의 제조 전매제도가 시행되기에 이른다. '조선연초전매령朝鮮煙草專賣令' 제1조에는 '담배 제조는 전적으로 정부에 속한다'라고 되어 있고, 제2조에는 '수입은 조선총독부가 관리한다'라고 되어 있다. 이외에 경작자, 경작지역, 품종 등까지 조선총독부가 정하도록 세세하게 규정했다.

이리하여 조선총독부에 의해 담배 제조 전매제도가 시작되었다. 창업비 약 560만 엔, 공장 건축 및 생산 설비 약 160만 엔, 담배 제조자에 대한 교부금 및 매수금 약 700만 엔으로 총 1,420여만 엔이 예산으로 책정되었다. 하지만 이들 재원은 전부 조선사업공채朝鮮事業公債 발행으로 충당했다. 또 이 시기에 담배 제조 전매를 담당하는 부서로서 조신총독부 전매국이 발족했다.

최근까지 이어졌던 담배 전매

원래 대한제국 시기 담배, 홍삼, 소금에 관한 업무는 탁지부가 담당하고 있었다. 1910년 일제의 강제 합병 이후에는 조선총독부 전매국이 설치되어 업무가 이관되었다. 1912년 전매국이 폐지되자 그 업무는 탁지부 사세국司稅局으로 이관되었다. 1915년 사세국이 폐지되고 탁지부 전매과專賣課가 새롭게 설치되었다. 1919년 탁지부 자체가 폐

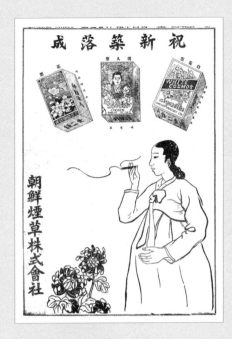

1914년 11월 8일 《매일신보》에 게재된 조선연초주식회사의 담배광고. 당당하게 담배를 피우는 여성을 전면에 내세운 파격적인 구성으로 당시 큰 논란이 되었다.

일제 관영 담배회사인 동아연초주식회사 조선제조소에서 담배를 만들고 있는 여성 노동자들. 1916년. 서울역사박물관 소장.

지되고 재무국財務局 전매과가 업무를 이관받았다. 결국 1921년에 다시 전매국이 설치되기에 이른다.

다만 전면적 전매제도를 바로 실행하기는 어려웠다. 당시 자가소비용 담배를 경작하는 인구가 50여만 명에 달했고, 일제는 이들의 담배 경작을 인정할 수밖에 없었다. 일제가 이들로부터 담배 재배 권리를 바로 빼앗지 못했던 배경에는 3.1운동의 여파가 가시지 않은 당시 시대 상황이 있었다. 또한 아직 제조 공장이나 유통 루트가 확립되지 않은 상황에서 담배 공급의 안정을 꾀하려는 의도도 있었다. 이후 1931년이 되면 모든 예외 규정이 폐지되고 오로지 조선총독부가 전매하게 된다.

일제시기 조선에서는 아편, 홍삼, 담배, 소금 등 네 가지 전매품이 있었다. 아편을 제외한 세 가지 품목이 수익을 위한 전매품이라 할 수 있다. 가장 먼저 전매품이 된 것은 홍삼이다. 인삼은 수확 직후의 것을 수삼이라 하고, 껍질을 벗겨 말린 것을 백삼이라 하며, 인삼을 찌고 건조시켜 갈색 빛이 도는 것을 홍삼이라 한다. 홍삼은 수삼이나 백삼에 비해 효능이 뛰어나고 유통기한도 길다.

원래 홍삼은 중국과의 무역에서 조선 측 특산품으로 중요한 위치를 차지했다. 어느 정도 전매품으로서 성격을 가지고 있었지만, 정식으로 전매품이 된 것은 1899년의 일이다. 대한제국 황실 사무를 총괄하던 궁내부가 전매권을 가지고 있었다. 이후 홍삼의 수익은 1907년 제실재산정리국帝室財産整理局에서 관리했고, 다시 탁지부로 이관되었다. 1908년 7월 홍삼 전매법이 시행되어 인삼의 수납, 홍삼의 제조 및 수출을 정부가 독점하는 전매제도가 시행되었다.

　하지만 소금이나 홍삼의 전매 수익은 크지 않았다. 1921년 당시 조선총독부 전매국의 총 세입은 약 1,697만 엔이었다. 이 가운데 담배 전매를 통한 세입은 1,358만 엔으로 80퍼센트를 차지했다. 1934년 전매국의 총 세입은 4,782만 엔으로 증가했으며, 이 가운데 담배 세입은 3,965만 엔이었다. 담배 세입은 전매국 전체 세입의 80~90퍼센트를 차지했다.

　일제강점기 이후에도 담배는 꾸준히 국가에서 관리되었다. 담배를 관리하던 부서는 1948년 당시 재무부 전매국이었다. 1952년 전매국은 전매청으로 변경되었고, 1987년 전매청은 한국전매공사로 공사화되었다가 1989년 한국담배인삼공사로 사명이 변경되었다. 이후 2002년 KT&G로 사명을 바꾸고 민영화하면서 오늘에 이르고 있다. 일제에 의해 담배 제조 전매제도가 시작된 지 백 년 가까이 지난 오늘날 한국은 세계 5위권의 담배 수출국이 되었다.

태평양전쟁 이후,

돌아오지 못한 사람들

일제는 1931년 만주사변을 일으켜 대륙 침략을 시작해 1937년 중일전쟁을 일으키며 본격적으로 중국 본토를 침략했다. 독일이 프랑스를 공격한 것을 계기로 1941년 7월 일본군은 프랑스 영향력 아래에 있던 인도차이나 반도를 점령했다. 이에 미국이 격렬히 항의하면서 석유를 비롯한 원료 수출을 금지하고 경제 제재를 가했다.

일제는 미국과 전쟁이 불가피함을 깨닫고, 1941년 12월 선전포고 없이 하와이의 진주만을 공습했다. 일제의 공격으로 미국 전함 5척이 격침되고 미군 2,000여 명이 사망했다. 진주만 공습으로 태평양전쟁이 시작되었고, 미국은 전시체제로 전환했다. 그 사이 미 해군을 선제공격한 일본군은 파죽지세로 싱가포르, 필리핀 등 동남아시아 일대를 장악했다.

1942년 6월 미드웨이에서 미군과 일본군의 해전이 발생했고, 미군이 승리하면서 미국의 본격적인 반격이 시작되었다. 이후 태평양전쟁의 격화로 일제의 병력과 물자 동원은 극에 달했다.

1941년 12월 7일

일제, 선전포고 없이 미국 진주만을 기습공격. 태평양전쟁 발발.

"이 날은 치욕의 날로 기억될 것입니다. 미합중국은 일본제국 해군과 공군에게 의도적인 기습을 받았습니다." 1941년 12월 8일 프랭클린 루스벨트 미국 대통령의 일본선전포고 연설 첫 부분.

1944년 2월 8일

일제, 〈총동원법〉에 의거, 조선인 전원 징용을 실시.

"우리가 다시 만날 수 있는 날은 반드시 올 것이오. 인간은 이 세상에 태어난 이상 여러 풍파에 부딪히게 되는 법이라오. 나는 히로시마에 와 있으면서도 당신과 다시 만날 날을 손꼽아 기다리고 있소. 고향에 돌아가게 되어 집 문 앞에 당도하는 그 순간이 어떠한 기분일까 상상해 본다오. 생각만 해도 가슴이 설레는구려." 강제징용자 권영근의 편지

제국의 야만에 강제로 동원된 사람들

1944년, 일본은 노동력 부족을 해결하기 위해 조선에서 '국민징용령'을 발령했다. 일본의 노동자 동원은 1939년부터 시작된 모집 방식, 1941년부터 시작된 관 알선 방식, 1944년부터 시작된 징용 방식세 가지가 있었다. 아시아 태평양 전쟁이 격화됨에 따라 일본은 모집이나 관 알선 방식으로는 노동력을 충당할 수 없다고 판단했다. 결국 1944년에 '징용영장'이 발급되었고 조선 청년들은 일본 각지로 연행되었다.

징용영장에는 징용 대상자의 인적사항과 일본에서 일할 장소가 적혀 있었다. 그리고 출두할 날짜가 명시되어 있었다. 갑자기 징용영장이 집으로 날아와 무조건 지정된 장소로 집결하라는 것이었다. "가족에게 노역 임금의 절반을 송금한다"는 설명도 있었지만, 실제 임금은 한 푼도 지급된 적이 없다.

일본 히로시마의 미쓰비시 중공업에도 강제 징용된 조선인 수천명이 있었다. 미쓰비시에 징용된 이들은 당시 주로 경기도 평택군, 안성군, 경성에 거주했던 사람들이다. 대부분 1923년생으로 만 21세였다. 대개 노부모를 모시고 처자식을 부양해야 했던 가장들이었다.

미쓰비시 중공업은 히로시마 간논觀音과 에바江波 지역의 앞바다를 매립한 부지에 공장들을 건설했다. 터빈과 보일러를 제조하는 히로시마 기계제작소를 세웠고, 전쟁시 표준선을 건조하는 히로시마 조선소를 세웠다. 1945년 7월 말, 미쓰비시 중공업의 간논과 에바 공장에는 1만 1,833명이 재적되어 있었는데, 그 가운데 조선인 징용공이 약 2,800명이었다.

1945년 8월 6일, 그날

당시 미쓰비시에는 동서남북으로 나뉜 숙소가 있었다. 동숙소와 남숙소에는 일본인이 기숙했고, 서숙소와 북숙소에 조선인이 기숙했다. 숙소는 2층 목조로 된 긴 건물이었고, 주위에는 철조망이 둘러쳐져 있었다. 조선인 숙소 출입구에는 파출소가 있었기 때문에 항상 감시당했다.

숙소에서 개인은 다다미 한 장(90×180센티미터) 크기의 공간을 할당받았다. 징용된 이들은 중대와 소대로 관리되었다. 휴일은 월 2회밖에 없었으며, 외출할 경우 소대장에게 보고한 후 외출해야 했다. 물론 단독 행동은 금지됐다. 지급된 담요는 헌 헝겊을 이어 누빈 것으로 얇았기 때문에 겨울에는 추위에 떨 수밖에 없었다. 식사는 건더기가 거의 없는 일본 된장국과 단무지, 감자나 고구마, 콩비지가 들어 있는 보리밥 등이었다. 그나마 식사량조차 많지 않았다.

당시 조선인 징용공의 지도원으로 있었던 도쿠미쓰 마사히코德光眞敬彦는 다음과 같이 증언했다.

처음 징용공이 온 때는 1944년 4월 혹은 5월로, 그 다음에는 더

전쟁 이후의 한국사

운 시기인 7월이나 8월에 대규모로 들어왔다. 2,000명 이상이었다. 전쟁 막바지에는 조선의 면사무소까지 연행하러 갔었는데 일본인 순사도 흉폭해져 있었다. 조선인 복장을 입고 있는 채로 데리고 온 사람들도 많았다. 작업복은 3일을 입게 되면 구멍이 날 정도로 변변치 않았고 뜯어진 곳을 꿰맬 실이나 바늘도 없었기 때문에 그 대신 설탕봉투를 뜯어서 쓰게 했다.

《히로시마제작소 50년사》에 따르면, 공장의 건물은 거대했으나 기계 설비는 빈약했고 설비 공구가 완비되지 않은 상태여서 인해전술로 보충했다고 한다. 휴일은 한 달에 겨우 이틀뿐이었고, 철야와 장시간 잔업이 당연한 것으로 여겨졌다고 한다. 이러한 여건 속에서 '놀라운 실적'을 올렸다고 기록하고 있다.

1945년 8월 6일 7시 30분. 작업을 시작하기 위한 신호가 울렸다. 아침 조례를 마친 노동자들이 작업에 들어가기 시작했다. 바로 그때였다. 북쪽 하늘에서 이상한 빛이 번쩍였다. 8시 15분경이었다. '쿵' 하는 소리와 함께 공장 유리창이 깨지고 기둥이 부러지고 지붕이 기울었다. 기계에서 울리던 '우웅' 하는 소리가 멈추고 한 순간 정적이 흘렀다. 부상자들이 줄줄이 실려 나왔다.

작업은 완전히 중단되었고 징용공들은 숙소로 돌려보내졌다. 공장 문 앞에는 시내에서 중상을 입은 사람들이 공장 진료소에서 치료를 받으려고 떼를 지어 몰려왔다. 피투성이가 되어 업혀 온 사람, 들것에 실려 온 사람, 의복과 피부가 같이 타버려 화상으로 짓무른 사람. 눈

국민징용 영장을 발부받는 청
년. 일제는 1939년 10월 1일
〈국민징용령〉을 실시해 40여
만 명의 조선인을 강제징용한
데 이어 1944년 2월 8일에는
〈총동원법〉에 의거, 조선인 전
원 징용을 실시했다.

나고야에 마련된 지하 전
투기 생산공장. 미츠비시
제5공장 굴착의 경우 조선
인 600여 명이 동원되어
하루 12시간의 노동에 시
달리며 죽어갔다.

뜨고는 차마 볼 수 없는 처참한 광경이었다. 히로시마 시내에 작업을 나간 조선인 동료들은 밤이 되도록 돌아오지 않았다. 5일 동안 동료들을 찾아 나섰지만 아무도 찾을 수 없었다. 간논과 에바 두 공장은 폭심지로부터 남쪽으로 약 4킬로미터 떨어져 있어 그나마 피해가 적은 편이었다. 폭심지 반경 2킬로미터 이내는 초토화되었다.

8월 6일 원폭 투하로 징용공 전체가 피폭당했다. 하지만 미쓰비시에서는 아무런 지시도 구조도 없었다. 머물 곳도 먹을 것도 스스로 해결할 수밖에 없었다. 대부분의 조선인 징용공들은 자력으로 시모노세키下關나 하카타博多까지 이동해 배를 탔다. 하지만 귀국 도중에 태풍으로 인해 조난을 당한 경우도 많았다. 운좋게 귀국한 경우에도 병마와 빈곤에 시달려야 했다.

끝내 돌아오지 못한 이들에게 보내는 시

후카가와 무네토시深川宗俊는 일본의 시인이다. 그는 1945년 당시 미쓰비시 징용공들의 지도원이었다. 1921년 히로시마에서 출생해 요코하마 포술학교를 졸업한 후 해군에 입대했다가 결핵으로 퇴역했다. 이후 1945년 미쓰비시 중공업의 히로시마 기계제작소에서 조선인 징용공의 지도원으로 근무하던 중 8월 6일 조선인 징용공들과 함께 피폭당했고, 이를 계기로 미쓰비시 징용공 문제에 관여하기 시작했다.

후카가와는 1996년부터 2008년까지 '미쓰비시 히로시마 전 징용공 피폭자 재판을 지원하는 시민 모임'의 공동 대표를 맡았다. 이 모임은 히로시마의 미쓰비시에 강제 징용되었던 한국인 피해자 여섯 명이 1995년 12월 히로시마 지방법원에 피해 회복 소송을 제기할 무렵 결성된 단체다.

후카가와는 일본이 패전하고 히로시마역에서 배웅했던 246명이 조국으로 돌아가지 못한 사실을 알게 되었다. 246명은 현해탄을 건너다 조난당했다. 1970년대 홀로 한국으로 들어와 징용공의 가족들을 수소문해 찾아다녔고, 1976년 8월에는 나가사키현長崎縣 이키노시마壹岐島 모래사장에서 유골 발굴 작업을 진행해 83구의 시신을 발굴했으며, 이들의 위령비를 세우는 데 앞장섰다.

그는 가해자로서 철저히 반성하는 삶을 살았다. 한국인 미쓰비시 강제 징용자들이 일본에서 재판하는 것을 적극 지원했고, 결국 2007년 11월 1일 일본 최고재판소에서 원고 승소 판결을 이끌어냈다. 이듬해인 2008년 4월 24일 한국인 징용공들과 함께 피폭당했던 그도 눈을 감았다.

1944년 8월 1일. 경기도 이천에 살던 권영근은 일본 히로시마로 강제 징용되었다. 스물셋 아내, 세 살 큰 아들과 갓 백일이 된 작은 아들을 남겨둔 채 홀로 현해탄을 건넜다.

우리가 다시 만날 수 있는 날은 반드시 올 것이오. 인간은 이 세상에 태어난 이상 여러 풍파에 부딪히게 되는 법이라오. 나는

전쟁 이후의 한국사

히로시마에 와 있으면서도 당신과 다시 만날 날을 손꼽아 기다리고 있소. 고향에 돌아가게 되어 집 문 앞에 당도하는 그 순간이 어떠한 기분일까 상상해 본다오. 생각만 해도 가슴이 설레는구려.

아내에게 보낸 편지에서 그의 그리움이 묻어난다. 아내는 남편이 보낸 편지를 위안으로 삼으며 두 아이를 키워냈다. 하지만 권영근은 끝내 고향으로 돌아오지 못했다. 그는 광복 후 미쓰비시 중공업이 알선한 배를 타고 현해탄을 건너던 도중에 조난되었던 246명 가운데 한 명이다. 후카가와 무네토시는 현해탄에 잠긴 미쓰비시 징용공들에게 다음과 같은 시를 남겼다.

한밤에 밀려왔다 나가는 길에
이키노시마섬의 바닷가에
남몰래 흘러 들어와 밝히는 수많은 등불들.

1950년 6월 25일 이후,

인 천 상 륙 작 전

1945년 8월, 일제로부터 광복된 이후 오래지 않아 한국은 남과 북으로 분단되었다. 1950년 6월, 북한이 전면적으로 남침을 시작하며 전쟁이 발생했다. 흔히 '한국전쟁'이라고 하지만, 엄밀히 말하면 한국전쟁이라는 용어는 적합하지 않다. 서구의 시각으로 한국에서 일어난 1950년의 전쟁만을 일컫기 때문이다. 미국전쟁, 영국전쟁, 중국전쟁, 일본전쟁이라는 용어가 성립하지 않는 이치와 같다.

6.25전쟁 초기 국군은 낙동강 방어선까지 밀리다가 1950년 9월 인천상륙작전으로 반격을 시작했다. 6.25전쟁 초기 북한군은 파죽지세로 남하해 왔다. 서울은 3일 만에 함락되었고, 7월 3일 한강 방어선도 무너졌다. 국군과 미군이 북한군을 효과적으로 방어할 수 있는 자연장애물은 하천이었다. 바로 한강, 금강, 낙동강이다.

1950년 6월 25일

북한, 북위 38선 이남 한국을 기습 남침. 6.25전쟁 발발.

"둘. 본 사단은 군단의 공격 정면에서 가장 중요한 방향인 관동 아장동 계선에서 적의 방어를 돌파하고 … 공격준비완료는 1950년 6월 22일 24시이다." 북한 제4보병사단본부의 남침계획 전투명령 가운데.

1950년 9월 15일

미 해병1사단과 보병7사단, 국군 17보병연대와 해병 4개 대대 등 7만여 병력이 인천에 상륙.

"우리는 시간과 싸우고 있다. 더 이상의 후퇴, 철수, 방어선 재조정은 없을 것이다. 우리에게 더 이상 퇴각할 곳은 없다. … 부산으로의 후퇴는 역사에 남을 학살이 될 것이다. 우리는 끝까지 싸워야 한다." 낙동강 방어선 사수를 위해 1950년 7월 29일 미8군 사령부가 내린 명령서.

하천은 교량이나 도하 장비가 없으면 부대 이동이 곤란하다. 또 은폐할 수 있는 지점이 없기 때문에 도하할 때 기도가 쉽게 노출되기 마련이다. 한강 방어선을 무너뜨린 북한군이 남하하자 새로운 방어선이 필요했다. 방어 주력은 윌리엄 딘*William F. Dean* 소장이 이끄는 미군 제24사단이었다. 사단은 제34연대와 제21연대 그리고 포병연대로 구성되어 있었다.

앞서 제34연대는 천안에서 물러나 공주로 철수했고, 제21연대는 조치원에서 물러나 대전 북방의 대평리로 철수했다. 딘 소장은 금강과 소백산맥을 연하는 선에서 북한군의 남침을 저지하고자 했다.

① 사단은 금강을 연하는 선에서 최대한 오랫동안 적을 저지하려 한다. ② 제19연대는 우일선(동측)으로 7월 12일 일몰시까지 대평리 부근을 점령하고 이를 고수한다. ③ 제34연대는 좌일선(서측)으로 공주 부근의 현 진지를 계속 확보한다. ④ 제21연대는 제19연대에 전투정면을 인계한 다음 대전비행장으로 이동해 예비가 된다.

미군 제24사단의 방어 전면은 공주 서측부터 신탄진 일대까지 직선거리로만 30킬로미터가 넘었다. 1개 사단이 방어선을 구축하기에는 너무 넓었다. 결국 적의 예상 남하로가 되는 대평리 쪽 1번 국도와 공주쪽 23번 국도를 중심으로 병력을 배치할 수밖에 없었다. 대평리는 제19연대가 담당하고 공주는 제34연대가 담당하며, 대전에는 제21연대가 예비대로 배치되었다.

딘 소장은 하천선 방어에서 가장 중요한 도하 수단을 모두 파괴하도록 지시했다. 7월 12일 사단 수색중대는 공주에서 부여 사이의 나룻배를 모두 파괴했고, 공병대는 공주 정면의 금강교를 폭파했다. 7월 13일 공주에서 신탄진 사이의 교량을 모두 폭파했다. 7월 15일에는 신탄진 정면의 철교도 폭파했다.

한강을 건너 충청도로 남하한 북한군 제2사단, 제3사단, 제4사단은 대전을 포위 공격하고자 했다. 제2사단은 빠르게 청주를 장악한 후 남하해 대전을 동북쪽에서 압박하고, 제3사단은 조치원을 거쳐 대전을 북방에서 공격하며, 제4사단은 공주를 장악한 후 논산을 거쳐 우회해 대전의 후방을 차단하고자 했다.

1993년 북한에서 발간된 《조국해방전쟁사》에는 다음과 같이 나와 있다.

위대한 수령께서는 전선 동부에서 행동하는 연합부대들은 적을 정면으로만 밀고 나가지 말고 산길을 따라 대담하게 우회 기동하여 익측과 배후로부터 타격함으로써 적의 유생역량을 포위소멸하고 방어를 와해시키며 공격 속도를 높여야 한다고 교시하시었다.

전쟁 이후의 한국사

7월 11일, 북한군 제4사단은 금강 일대에 정찰대를 잠입시켜 미군 제34연대의 배치 상황과 도하 지점을 정찰했다. 12일에는 주력을 금강 대안에 집결시켜 도하 준비를 완료했다. 금강을 사이에 두고 서쪽으로 북한군 제4사단과 미군 제34연대가, 동쪽으로 북한군 제3사단과 미군 제19연대가 대치했다.

7월 14일, 북한군 제4사단은 금강을 건너 공주를 공격하기 시작했다. 하지만 이러한 움직임은 미군의 이목을 공주 쪽에 묶어두려는 속셈이었다. 주력 부대는 따로 있었다. 북한군 제4사단 제16연대는 공주 서남쪽 검상리 일대에서 작은 나룻배 두 척을 이용해 30여 명씩 도하했다. 그렇게 오전 8시부터 9시 사이에 북한군 약 500명이 도하에 성공했다.

무너지는 금강 방어선

당시 미군 제24사단의 통신 수단은 매우 취약했다. 대대급 이하에는 통신장비가 절대적으로 부족했고, 통신장비가 있는 경우에도 배터리가 방전되어 있었다. 대대 본부와 각 중대를 연결할 통신선도 거의 없었다. 전령을 통해 직접 교신할 수밖에 없는 상황이었다. 통신이 더딘 만큼 대응 또한 늦을 수밖에 없었다.

특히 제34연대의 상황은 참담했다. 제34연대장 로버트 마틴*Robert R. Martin* 대령은 7월 8일 천안전투에서 전사했고, 제3대대장 데이비드

스미스*David H. Smith* 중령은 탈진해 후송되었으며, 제63포병대대장 로버트 도우손*Robert H. Dawson* 중령도 일사병으로 쓰러져 후송되었다. 연대 정보과장과 작전과장도 과로로 혼수상태가 되어 후송되었다. 게다가 제3대대 K중대는 극도의 심신쇠약으로 사단장 허가를 받아 중대원 전체가 대전으로 후송된 상태였다.

금강 방어선은 제34연대가 담당하고 있던 서쪽부터 무너져 내리기 시작해, 제19연대가 담당하고 있던 동쪽까지 무너지면서 완전히 무력화됐다. 7월 14일 도하에 성공한 북한군은 제34연대를 후방에서 지원하고 있던 제63포병대대를 노렸다. 당시 제63포병대대는 공주 서남쪽 후방인 삼교리 일대에 A포대, 본부포대, B포대, 근무포대 순으로 배치되어 있었다.

1시간 30여 분 동안의 북한군 기습 공격으로 제63포병대대의 A포대와 B포대는 105밀리 야포 10문과 탄약 적재 차량을 포함한 차량 약 80대를 잃었다. B포대의 곡사포 다섯 문은 그대로 방치하고 철수할 수밖에 없었다. 병력 손실도 컸다. 장교 11명과 사병 125명이 실종되었다.

앞서 7월 12일 밤 국군 기병대는 공주 북방에서 유구전투를 치르고 복귀하고자 했다. 하지만 이미 공주의 금강교가 폭파되어 길이 끊어져 있었다. 금강 북안을 따라 서남쪽으로 이동했다. 밤새 말을 달려 13일 아침 부여 대안對岸에서 배를 구해 강을 건널 수 있었다. 이후 부여로 정찰을 나왔다가 길을 잃은 미군 여섯 명을 만나 함께 제63포병대대로 이동했다.

국군 기병대는 제63포병대대가 위치한 삼교리에서 공주로 넘어
가는 우금치 고개 남쪽에 주둔했다. 7월 14일, 삼교리의 제63포병대
대가 북한군의 공격을 받자 이를 구원하기 위해 출동했다. 이미 A포
대와 본부포대는 북한군의 공격으로 패퇴한 상태였고, B포대가 공
격을 받고 있었다.

당시 제63포병대대에서 종군했던 시어도어 페렌바크*Theodore R.
Fehrenbach*가 쓴《이런 전쟁*This Kind of War*》(1963)에는 다음과 같이 묘사되
어 있다.

> 다음은 B중대 포대 차례였다. 적 보병 400명이 중대 진지를 포
> 위하자 치열한 교전이 전개되었다. 이어서 어디에선지 갑자기
> 나타난 한국군 기병들이 서쪽에서 적의 대열 속에 뛰어든 틈을
> 타 중대는 질서 있게 후퇴했다.

미국의 6.25전쟁사 전문가 로이 애플먼*Roy E. Appleman*은《낙동강에
서 압록강까지*South to the Nakdong, North to the Yalu*》(1960)에서 "한 무리의 국
군 기병대가 중대를 지나갔고 서쪽의 적들을 공격했다"라고 적었다.
언급된 국군 기병대는 장철부 소령이 이끄는 기병대였다.

장철부는 학병學兵으로 징집되었다가 탈영한 다음 광복군으로서
일본군과 싸운 인물이다. 중국 황포군관학교를 졸업했고 광복 후에
는 육군사관학교 제5기로 임관했다. 이후 육군사관학교에서 교관으
로 활동하다 기병대가 창설되자, 대대장으로 복무했다. 6.25전쟁이

서울을 수복한 국군. 1950년
9월 28일.

한 미군이 남북 경계선인 도로
위에 38이란 위도 표시를 하
고 있다. 1947년 5월 25일.

발발하자 한강 방어전과 금강 방어전을 거쳐 청송전투에 투입되었다. 1950년 8월, 청송에서 대규모 적들과 싸우다 총상을 입었고 포로가 되기 전 자결했다. 그의 나이 29세였다.

금강에서의 분투로 지켜낸 낙동강

국군 기병대는 북한군의 후방을 타격해 B포대와 합류하는 데 성공했다. 기병대는 B포대와 함께 철수하면서 미군 부상병들을 말에 싣고 기병중대원들은 도보로 이동했다. 얼마 후 부상병들은 미군 차량으로 옮겨 탔고 기병중대는 다시 논산으로 이동했다.

제24사단장 딘 소장은 대전 서쪽의 갑천 일대로 병력을 집결시키고 지연전을 펴기로 했다. 이후 북한군 제3사단과 제4사단의 집요한 공격으로 대전에서 철수해야만 했다. 미군 제8군사령관 월튼 워커 *Walton H. Walker* 중장은 포항에 상륙하는 제1기병사단의 전개를 위해 철수를 하루 늦추길 바랐다. 결국 제24사단은 7월 20일 야간에 대전에서 철수했다.

철수 시기가 늦어지는 바람에 대전 후방이 차단되면서 수많은 병력과 장비 손실이 있었다. 그 과정에서 미국 전쟁사상 최초로 사단장이 실종되기도 했다. 하지만 국군과 미군이 금강과 소백산맥 일대에서 지연전을 펼친 결과, 낙동강 방어선을 구축할 수 있는 시간을 벌수 있었다. 낙동강 방어선은 인천상륙작전의 밑거름이 되었다.

흥남 철수 이후,

파 티 마 병 원 개 원

1950년 9월 15일 인천상륙작전 이후 국군과 UN군은 북진해 북한 대부분을 점령했다. 하지만 중국군의 참전으로 다시 밀고 밀리는 접전이 이루어졌다. 당시 중국군 지휘부는 중일전쟁과 국공내전에 참가했었고, 병사들도 국공내전을 치른 경험자가 많았다. UN군이 제공권을 장악하고 있었지만, 중국군은 주로 야간 이동이나 기습에 능했기 때문에 전쟁은 쉽게 끝나지 않았다.

1950년 11월 중국군과 북한군의 대대적인 공격으로 국군과 UN군은 북한 지역에서 밀려나기 시작했다. 12월 4일 서부전선에서 국군이 평양에서 철수하고 북한군과 중국군이 평양을 재점령했다. 이에 따라 12월 14일부터 24일 사이 동부전선의 한국군 12만 명과 피난민 10만 명이 흥남 부두에서 해상으로 철수했다. 흥남에서 철수한 병력과 민간인들은 부산항으로 들어왔다.

1950년 12월 15일

국군과 UN군, 1.4후퇴를 준비하며 흥남으로 집결. 이후 피난민 10만 명을 호송하며 부산으로 철수.

1956년 7월 2일

파티마의원 개원. 초대 의원장은 마리아 살루스 수녀.

대구의 동대구역 인근에는 파티마 병원이 있다. 일반 대학병원이 아니라 종교단체가 운영하는 종합병원이다. 대구의 대표적 대형병원은 대부분 대학병원으로 경북대학교병원, 영남대학교병원, 계명대학교동산병원, 가톨릭대학교병원 등이 있다. 파티마 병원은 대학과도 무관하면서 어떻게 이곳에 자리 잡게 되었을까?

19세기 유럽에서는 수많은 선교 수도회가 창설되었다. 1863년 마오르 볼테르와 플라치도 볼테르 형제 신부가 로마의 성 바오로 수도원에서 수련을 받은 후 독일 보이론*Beuron*에 대수도원을 창설했다. 이들이 창설한 수도원은 베네딕도*Benedikt* 수도회 소속이었다.

베네딕도회는 로마 가톨릭교회 소속의 수도회로서, 529년 베네딕도가 이탈리아의 몬테카시노에서 창건했다. 베네딕도회는 베네딕도가 수도원 생활의 규범으로 세운 계율 즉 베네딕도 규칙서를 따르는 남녀 수도회들의 연합체를 일컫는다. 베네딕도회는 하나로 통일된 수도회가 아니라, 각각의 수도원들이 하나의 수도회를 이루고 있다.

베네딕도회 총연합이 있기는 하지만, 예수회나 프란체스코회 등과 같이 중앙 집권적이지는 않다. 베네딕도회 소속의 수도원들은 서로 종속관계에 있지 않고 외부의 간섭을 받지 않으며 독자적 운영을 하는 자치 수도원들이다. 베네딕도회 총연합은 19개의 연합회들로 구성되어 있는데, 독일에는 바바리아 연합회, 보이론 연합회, 상트 오틸리엔 연합회, 성모 영보 연합회 등이 있다.

독일 보이론 베네딕도 대수도원의 안드레아스 암라인(1844~1927) 신부는 1884년 3월에 남자 베네딕도 수도회를, 1885년 9월에 베네딕도 수녀회를 설립했다. 이후 입회자가 증가하자 남자 수도회는 1887년에 엠밍*Emming*, 상트 오틸리엔으로, 여자 수도회는 1891년에 툿찡*Tutzing*으로 이전했다.

독일의 툿찡 베네딕도 수녀회는 일제강점기였던 1925년 11월 21일에 한반도로 진출했다. 독일 툿찡 모원에서 네 명의 독일선교사 수녀들이 파견되었다. 수녀들은 함경남도 원산에 수녀원을 세우고 한국인 수녀들을 양성했다. 그리고 오늘날 북한 지역에 여러 분원을 창설하고 그곳에서 의료 및 교육 등 선교 활동을 진행했다.

남쪽으로 내려온 수녀들

1886년 조선과 프랑스 양국 간에 한불수호조약이 조인되었다. 조약 사항에는 "제물포(인천)와 원산 그리고 부산의 세 항구를 통상처로 개방하는 동시에 개항지에서 프랑스인은 그들의 종교를 자유롭게 믿을 수 있다"라고 되어 있다. 이러한 배경에서 우선 개항장에서 뿌리를 내리고 이후 점차 주변으로 교세를 확산해 나가고자 했다.

세 개항장 가운데 원산은 함경도의 중심도시였다. 북쪽으로 만주와 러시아 국경에 가까운 교통의 요지이자 항구도시였다. 당시 러시아의 남하정책과 시베리아 철도 건설로 정치적, 경제적으로 주목받

전쟁 이후의 한국사

는 도시였다.

1887년 강원도 이천 지역을 중심으로 활동하고 있던 드게트(1848~
1889) 신부가 근거지를 원산으로 옮기면서 이곳에 가톨릭의 뿌리를
내리게 되었다. 1920년 8월 5일 원산 대목구로 설정되면서 원산 본
당은 대목구의 주교좌 성당이 되었다. 원산 대목구의 관할은 상트 오
틸리엔의 베네딕도 수도회 신부들이 담당했으며, 수도회 원장으로
신보니파시오(1877~1950) 신부가 임명되었다.

베네딕도 수녀회는 원산에 수녀 네 명을 파견하기로 결정했다.
1925년 9월 툿찡 모원에서 파견식을 하고 10월 모원을 출발했다. 이
들은 해로를 통해 11월 부산에 도착했다. 먼저 서울에 도착해 3일을
머문 후 11월 21일 원산에 도착했다. 오래지 않아 1927년 6월 툿찡
모원은 원산 분원을 정식 수녀원으로 승격시켰다.

일제강점기 여러 가지 제약에도 불구하고 이들은 학교와 병원을
지어나갔다. 신고산, 회령, 함흥, 청진, 흥남 등에 분원을 세우며 교세
를 확장했다. 그러나 1944년 무렵부터 학교와 유치원 등 교회시설들
을 일본군에게 빼앗기고 말았다. 1945년 광복 후에는 소련군 장교
숙소와 교육관으로 활용되기도 했다.

1949년 5월 11일, 북한 공산 정권에 의해 수녀원이 폐쇄되었고 한
국인 수녀들은 추방되었다. 독일인 수녀들은 독일인 베네딕도회 수
사, 신부들과 함께 평안북도 강계군 전천리에 위치한 옥사덕 수용소
에 수감되었다. 이들은 4년 6개월간 강제노동에 시달리다가 1954년
1월 독일로 송환되었다. 당시 독일인 수도자 69명 가운데 19명이 사

6.25전쟁 당시 어린이들에게 구호품을 나눠주는 수녀들. 1952년

망하고 여섯 명이 행방불명되어 44명만 귀환할 수 있었다.

북한 정권은 1945년 광복 이후부터 종교에 대해 제한, 탄압, 말살의 3단계 정책을 추진했다. 이에 1945년부터 1949년까지 제1단계 종교 활동을 제한하는 시기로 정하고 점진적으로 탄압해나갔다. 베네딕도 수녀회도 이들의 탄압을 피할 수 없었다. 북쪽에 있던 회령과 청진 분원이 철수당했고, 1946년에는 일본인 수녀 두 명이 본국으로 출국당했다. 수녀원에 남아 있던 수녀들 45명 가운데 서양인 수녀 20명과 한국인 수녀 25명은 북한에서 수난을 겪었다.

한국인 수도자들은 북한에서 더 이상 신앙생활을 하기 어렵다고 판단하고 6.25전쟁을 전후해 남한으로 내려왔다. 수녀들은 수도원이 해산된 이후 뿔뿔이 흩어져 있었기 때문에 한꺼번에 이동할 수 없었다. 연락이 닿는 대로 각각 남한으로 내려왔다. 1951년 흥남 철수 때 미군 함선으로 내려온 수녀 여덟 명, 개인적으로 남하한 수녀 두명, 평양을 거쳐 내려온 수녀 다섯 명 등 모두 15명이 부산에 모였다. 이때 알퐁사 수녀도 부산에 도착했다.

"독일도 한국을 지원했다"

이들 10여 명은 부산 중앙성당에 방 한 칸을 얻었으나 함께 생활하기가 어려웠다. 교대로 출근하는 일거리를 찾아나서야 했다. 수녀들은 군인들의 삯빨래, 부상병 치료 등으로 생계를 꾸려나갔다. 이때 멕카티 군종 신부와 인연을 맺었다. 멕카티는 미국의 베네딕도회 수사 신부로 6.25전쟁 당시 부산에 주둔하고 있던 미 공군 K-9 부대의 군종 신부였다.

당시 멕카티 군종 신부의 도움으로 남자 수도사들은 1951년 봄 대구교구청이 위치한 대구 남산동으로 이주했다. 하지만 수녀들은 부산 피난지에서 공동생활을 지속하고 있었다. 박 골롬바 부원장 수녀는 대구로 이주한 수도사들의 생활이 궁금해 1951년 9월 대구를 방문했다. 이때 남산동 주교관에 갔다가 최덕홍 신부를 만났다. 최덕홍 주교는 천주교 대구교구 주교였다.

최덕홍 주교가 대구에 임시거처를 마련해 놓고 부산의 수녀들을 초청했다. 1951년 10월 23일 수녀들은 대구 주교 관내로 옮겨 왔다. 전쟁은 끝날 줄 몰랐고 통일이 될 기미도 보이지 않았다. 수녀들은 대구에 새 터전을 마련하고 후배를 양성하기로 결정했다. 이때 티모테오 비털리 신부가 현재 대구 삼덕성당이 있는 공평동에 백여 평 정도 되는 집을 구입하도록 도와주었다. 수녀들은 1952년 10월 2년여의 피란생활을 청산하고 남한에서 첫 분원을 창설했다.

1953년 수녀들은 공평동 분원 안에 무료 시약소 '성 안토니오 의원'을 개원했다. 4월에는 삼덕유치원을 개원했다. 이후 지원자를 받아들이기 시작했고 1955년에는 세 명이 입회했다. 북한에서 강제수용 생활을 경험했다가 독일로 송환되었던 수녀들이 1955년 11월부터 다시 대구 수녀원으로 파견되었다. 이로써 수녀원은 활기를 띠기 시작했고, 공평동 수녀원이 좁아 정착할 곳을 물색해야 했다. 이에

1956년 대구 신암동에 두 번째 분원을 설립했고, 이는 곧 본원으로 승격되었다. 동시에 수녀회는 수도원 경내에 '파티마*Fatima* 의원'을 개원했다. 이것이 바로 '파티마 병원'의 시작이다.

2018년 6월 22일 국방부는 6.25전쟁 68주년을 계기로 독일을 6.25전쟁 의료지원국에 포함시키기로 결정했다. 독일은 1954년부터 의료진을 파견해 부산 서독 적십자 병원을 통해 치료와 출산 지원 활동을 펼쳤다. 하지만 휴전 이후 의료지원활동을 했다는 이유로 그동안 의료지원국으로 지정되지 않은 상황이었다. 그러나 독일 출신 수녀들은 휴전에 앞서 이미 의료 활동을 하고 있었다.

휴전 직전 고지전 이후, ——————————————————

독 도 전 쟁 의   시 작

1951년 1월 4일, 서울은 다시 북한의 수중으로 들어갔다. 이어 중국군은 경기도 남부까지 밀고 내려왔으나, 국군과 유엔군의 반격으로 다시 전선은 회복되었다. 이렇게 엎치락뒤치락하는 새 1951년 3월, 38선을 중심으로 전선은 고착되었다.

UN의 휴전 제안이 실패로 끝난 후 1951년 6월부터 미국과 소련의 제의로 휴전 협정이 본격적으로 시작되었다. 휴전 회담은 2년 넘게 진행되었는데, 군사분계선 설정과 포로 교환 문제 등이 주요 난항점이었다. 이 시기 남과 북은 전면전이 아니라 국지전 양상 즉 '고지전高地戰'을 수행하며 치열한 접전을 거듭했다. 휴전이 이루어질 경우 현재 점령한 지역을 기준으로 휴전선이 설정되기 때문이었다.

결국 1953년 7월 27일, 3년여에 걸쳐 막대한 인적 물적 피해를 입힌 전쟁이 마무리되었다. 그런데 휴전 협정이 이뤄지기 한 달 전, 동쪽 바다에서는 또 다른 전쟁이 시작되고 있었다.

1953년 7월 27일

국군 및 UN군과 북한군 및 중국군, 정전 협정 체결.

"서명자들은 쌍방에 막대한 고통과 유혈을 초래한 충돌을 정지시키기 위해 최후적인 평
화적 해결이 달성될 때까지 한국에서의 적대행위와 일체 무장행동의 완전한 정지를 보
장하는 정전을 확립할 목적으로 하기 조항에 기재된 정전 조건과 규정을 접수하며 또 그
제약과 통제를 받는 데 각자 공동 상호동의한다." 정전협정 서언 가운데.

1953년 4월 20일

홍순칠 대장 등 울릉군민, 독도에 침입하는 일본 선박에 맞서 독도의용수비대 결성.

"대한민국 경북 울릉군 남면 독도大韓民國 慶北 鬱陵郡 南面 獨島"

혼란을 틈타 독도를 점령한 일본

광복 후 1953년 5월부터 일본 선박들의 독도 출항이 시작됐다. 일본 해상보안청의 자료 분석(박병섭, 2014)에 따르면, 해상보안청 산하 제8관구 해상보안본부는 1953년 6월 '다케시마竹島 순시'를 시작했다. 6월 20일 시마네현島根縣 국경본부, 마쓰에松江 입국관리사무소, 시마네현청, 마쓰에 지방검찰청 등과 긴밀한 협의를 거쳤다. 국경본부에서는 한국어 통역자를 준비했고, 시마네현청에서는 표주標柱와 팻말 제작을 담당했다.

일본은 순시선으로 '구즈류'와 '노시로'를 파견하기로 했다. 순시선에는 시마네현 직원 두 명, 경찰관 세 명, 입국관리사무소 직원 두 명이 함께 승선했다. 순시선은 6월 22일 16시 30분 돗토리현鳥取縣 사카이境를 출발해 23일 5시 15분 독도에 도착했다. 하지만 강한 바람으로 독도 상륙은 실패했다.

6월 26일 순시선 '구즈류'와 '오키'는 18시 오키도隱岐島를 출발해 27일 3시 30분 독도에 도착했다. 5시 55분 보안관 25명, 경찰관 세명, 시마네현 직원 두 명 등 총 30명이 보트를 타고 독도에 상륙했다. 이들은 독도에서 어로하던 한국인 여섯 명을 심문했다. 주소, 이름, 연령, 경력, 어업 종류, 어획량, 어업 동기 등을 기록했다. 개인별로 답변을 기록하고 손도장을 받은 다음 사진을 찍었다. 그리고 독도는 일본 영토이므로 속히 퇴거하도록 명령했다.

이들은 일본 시마네현에서 미리 준비해온 영토 표주標柱 두 개와 팻말 두 개를 독도의 동도에 설치했다. 표주에는 "시마네현 오치군 고카무라 다케시마島根縣 隱地郡 五箇村 竹島"라고 되어 있었다. 팻말에는 "주의. 다케시마 주위 500미터 이내는 제1종 공동어업권이 설정되어 있으므로 무단 채취, 포획을 금함. 시마네현"이라고 일본어로 쓰여 있었다. 또 다른 팻말에는 "주의. 일본국민 및 정당한 수속을 거친 외국인 이외는 일본국 정부의 허가 없이 영해 내의 출입을 금함"이라고 쓰여 있었다.

독도, 또 다른 전쟁

일본 순시선의 행동이 알려지자 한국에서는 여론이 들끓었다. 울릉경찰은 7월 3일 일본이 설치한 표주를 철거했다. 정부는 해군 함정 파견을 결정했고, 국회와 경상북도의회는 일본의 침략행위에 대해 강력히 대처할 것을 주문했다. 해군 함정이 파견됐다는 정보가 일본에 전해지자, 일본은 순시선 '헤쿠라'를 다시 독도로 파견했다.

일본 순시선 '헤쿠라'가 7월 11일 20시에 돗토리현 사카이를 출발해 12일 5시 30분 독도에 도착했다. 이때 독도에는 이미 한국 경찰이 도착해 있었다. 6시 15분 울릉경찰 최헌식 경사와 울릉중학교 교사 두 명이 '헤쿠라'에 승선해 회담을 진행했다. 하지만 서로의 견해 차이로 회담은 결렬됐다.

한국 측은 배에서 내렸고, '헤쿠라'는 독도를 곧장 떠나지 않고 유

전쟁 이후의 한국사

유히 섬을 일주했다. 8시 25분 '헤쿠라'가 다시 독도의 서도로 돌아오자 격분한 경찰관들이 발포했다. 인명 피해는 없었다. '헤쿠라'는 8시 35분 독도를 떠나 사카이를 향해 출발했다.

'헤쿠라' 총격사건이 발생하자, 일본 제8관구 해상보안본부는 총격 현장을 조사한다는 명분으로 다시 순시선을 독도로 파견했다. 8월 3일 독도의 서도에 상륙해 소총탄 등을 수집했고, 철거된 영토 표주의 흔적을 확인했다. 8월 7일 '헤쿠라'는 다시 독도로 파견되었고, 동도와 서도에 두 번째 영토 표주를 세우고 돌아갔다. 9월 17일 울릉경찰은 일본의 영토 표주를 확인하고 다시 제거했다.

9월 23일 일본 돗토리현의 수산시험선 '다이센'은 영토 표주가 철거된 것을 해상보안청에 보고했다. 해상보안청은 10월 6일 다시 순시선 '헤쿠라'와 '나라가'를 파견했다. 이들은 독도에 상륙해 세 번째 영토 표주를 설치했다. 10월 15일 한국산악회는 독도에 상륙해 일본의 영토 표주를 제거하고, 동도에 "독도 리앙쿠르獨島 LIANCOURT"라고 새긴 표석을 설치했다.

10월 17일 일본 순시선 '나가라'는 영토 표주가 철거된 것을 확인했다. 10월 23일 해상보안청은 '나가라'와 '노시로'를 독도에 파견해 한국산악회가 설치한 표석을 제거하고, 다시 네 번째 영토 표주를 세웠다. 제8관구 해상보안본부는 항해가 어려운 겨울에도 매달 한두 번씩 독도 순시를 실시해 표주에 이상이 없는지 확인했다. 이때 세워진 일본의 영토 표주는 1954년 5월 18일에 철거될 때까지 반년 이상 독도에 서 있었다. 일본이 독도에 영토 표주를 세운 것은 1953년 6월

27일, 8월 7일, 10월 6일, 10월 23일 모두 네 차례다. 일본의 영토 표주가 독도에 서 있던 기간은 무려 263일이었다.

전쟁의 끝, 독도 경비의 시작

1953년 7월 27일 휴전 협정이 체결되고, 한국은 평시체제로 돌아왔다. 12월 23일 해양경찰대가 창설되어 독도 경비를 담당하게 되었고, 이듬해 봄부터 구체적인 행동을 개시했다. 1954년 5월 18일 해양경찰대 경비선 '칠성호'는 석공 세 명을 데리고 독도에 상륙해 일본의 영토 표주를 철거했다. 그리고 서도의 석산봉에 태극기를 게양하고 "대한민국 경북 울릉군 남면 독도大韓民國 慶北 鬱陵郡 南面 獨島"리는 글자를 새겼다. 해양경찰대는 경비정을 한 달에 한 번씩 독도로 파견했다.

정부는 1954년 8월 1일 '독도 경비 명령'을 내려 경비대 초소 건설을 지시하고, 교통부는 등대를 설치해 8월 10일부터 점등했다. 그리고 8월 24일 돌로 만든 새 영토 표지를 설치했다. 8월 26일 독도에 경비초소가 완공되자 경사 한 명, 순경 네 명, 의경 열 명이 주둔했다. 일본의 《산인일보山陰日報》 1954년 10월 5일 기사에는 다음과 같이 기록되어 있다.

동도 정상에는 무선탑 두 개가 40미터 간격으로 설치되고 탑

1954년 독도의용수비대 단
체사진. 촬영 시기를 단기로
기록한 것이 인상적이다.

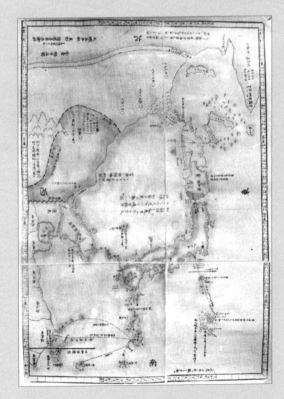

하야시 시헤이仙臺 林子平가
제작한 삼국접경지도三國 接
壤之圖. 울릉도와 독도가 조
선의 것이라고 나와 있다.
1785년 제작.

근처에는 각각 목조가옥이 세워져 있다. 등대는 점등되고 4, 5초 만에 섬광이 한 번 있다. '오키'와 '나가라'는 서남쪽으로부터 섬에 접근해 1.5해리 거리로 시계방향으로 일주했는데, 서남쪽 근처에 왔을 때 갑자기 무선용 기둥 근처 가옥에서 경비원 일곱 명이 나타나 구 육군의 것으로 보이는 산포山砲 덮개를 열고 두 배를 향한 것을 볼 수 있었다.

당시 독도에 무선탑, 목조가옥, 등대 등이 설치되었음을 알 수 있다. 특이한 것은 산포의 존재다. 독도에 소총이 아니라 대포가 배치되어 있었던 것이다. 일본의《요미우리신문》은 10월 10일 석간 1면에 "다케시마는 무장했다"고 보도했다. 하지만 실제 대포가 아니었다. 독도자위대독도의용수비대 정원도씨의 말에 따르면, 9자(2.7미터)찌리 굵은 원목을 이용해 대포로 보이도록 앞에 구멍을 파서 만든 위장 나무 대포였다.

512년 6월, 신라는 우산국이 위치한 울릉도를 복속시켰다. 이사부는 우산국 사람을 쉽게 굴복시키기 어렵다고 판단해 계교를 쓰기로 했다. 나무로 사자 모형을 만들어 전함에 나누어 실었다. 울릉도에 도착한 후 "너희들이 항복하지 않으면 이 맹수를 풀어 밟아 죽이겠다"고 위협했다. 결국 울릉도는 항복했다. 나무 모형 때문에 신라에 복속했던 우산국의 후손이 다시 나무 모형으로 일본을 속였던 것이다.

전쟁 이후의 한국사

독도를 침범하는 일본에게 겨눠진 포

일본은 독도 순시를 멈추지 않았다. 1954년 11월 20일 18시 순시선 '오키'와 '헤쿠라'는 오키섬을 출발해 독도로 향했다. 밤 12시가 되자 등화관제를 하며 항해등까지 껐다. 21일 06시 독도에서 12해리 떨어진 지점까지 도착했고 '오키'는 독도 남쪽을, '헤쿠라'는 독도 북쪽으로 항해했다. 06시 55분 '헤쿠라'가 동도의 등대를 확인했는데, 갑자기 포탄이 날아들었다.

다섯 발이었다. 비록 명중되지는 않았지만 일본에게는 충격적이었다. 《영남일보》 1977년 3월 5일자 기사에 따르면, 독도의용수비대원 서기종 씨와 김병렬 씨가 발포했다고 한다. 이들이 쏜 것은 박격포였다. 이들은 군대에 있을 때 박격포 사수였는데, 가늠자가 없는 박격포를 각도만으로 조정해 발사했다고 한다. 순시선이 잇따라 총격과 포격을 당하자 일본의 독도에 대한 순시가 급감했다.

1953년 5월 이후 일본의 독도 침범에 맞서 1954년 4월 울릉군민은 독도의용수비대를 결성했다. 이들은 울릉군과 경찰서에서 식량과 무기 등을 지원받아 독도 경비를 시작했다. 1954년 11월 '헤쿠라' 포격사건 이후 12월 31일 독도의용수비대원 아홉 명이 경찰로 특채됐다. 1955년부터 울릉경찰은 독도경비대를 상주시켜 독도 경비를 전담케 했다. 1955년 이후 지금까지 일본은 독도에 상륙하지 못하고 있다.

| 참고문헌 |

강재광, 〈대몽전쟁기 고종의 출륙외교와 그 역사적 성격〉, 《한국중세사연구》 43, 2015
곽승훈 외, 《중국 소재 한국 고대 금석문》, 한국학중앙연구원출판부, 2015
곽정해, 〈툿찡 포교 베네딕도 수녀회의 전례변천사〉, 가톨릭대학교 석사학위논문, 2010
국방부 군사편찬연구소, 《금강-소백산맥선 지연작전 6.25전쟁사4》, 2008
권구훈, 〈일제 한국주차헌병대의 헌병보조원 연구1908~1910〉, 《사학연구》 55~56, 1998
김경록, 《조선초기 한중군사관계사》, 국방부 군사편찬연구소, 2017
김경태, 〈임진전쟁 초기 경상좌도 일본군의 동향과 영천성 전투〉, 《군사》 95, 2015
김기덕, 〈고려조 왕족봉작제〉, 《한국사연구》 52, 1986
김동민, 〈후한 이후 讖緯의 전개 양상과 접근 방식〉, 《동양철학》 31, 2009
김만호, 〈강감찬과 귀주대첩〉, 《한국중세사연구》 31, 2011
김명진, 〈고려 명종대 조위총의 난과 금의 대응〉, 《동북아역사논총》 46, 2014
김미영, 〈불천위 제례의 사회문화적 의미와 역할〉, 《영남학》 30, 2016
김병곤, 〈668년 고구려 멸망시 사천원전의 재구성 및 의의〉, 《고구려발해연구》 46, 2013
김병남, 〈백제 성왕대 관산성전투의 의미〉, 《전북사학》 36, 2010
김병륜, 《조선시대 군사 혁신: 성공과 실패》, 국방정신전력원, 2017
김병준, 〈漢이 구성한 고조선 멸망 과정: 《사기》 조선열전의 재검토〉, 《한국고대사연구》 50, 2008
김상기, 〈제14연대 진중일지를 통해 본 일본군의 의병탄압〉, 《한국독립운동사연구》 44, 2013
김선덕, 《마지막 기병대장 장철부》, 다물아사달, 2017
김승우, 〈신라 성덕왕대 災異의 발생과 정치 운영〉, 경북대학교 석사학위논문, 2017
김영관, 《백제부흥운동연구》, 서경문화사, 2005
김영나, 〈임진왜란 시기 2차 진주성전투 순절자의 참전과정과 활동〉, 《전북사학》 45, 2014
김점구, 〈독도의용수비대의 활동 시기를 다시 본다〉, 《내일을여는역사》 64, 2016
김정숙, 《대구 천주교인들 어떻게 살았을까》, 경인문화사, 2015
김종학, 〈조일수호조규는 포함외교의 산물이었는가?〉, 《역사비평》 114, 2016
김종학, 〈1876년 조일수호조규 체결과정의 재구성〉, 《한국정치학회보》 51-5, 2017
김주성, 〈관산성전투의 배경〉, 《중원문화논총》 12, 2009
김진수, 〈조선후기 조총 연구의 현황과 과제〉, 《군사연구》 139, 2015
김현우, 〈刀伊동여진의 침구 사건의 재검토와 여일관계의 변화〉, 《일본학》 45, 2017

남현정, 〈송대 刺字刑의 시행과 사회적 인식의 변화: 《명공서판청명집》을 중심으로〉, 《법사학연구》 35, 2007

노성환, 〈조총을 통해서 본 한일 관계〉, 《동북아문화연구》 20, 2009

노영구, 〈인조초~병자호란 시기 조선의 전술 전개〉, 《한국사학보》 41, 2010

노영구, 《조선후기의 전술》, 그물, 2016

노중국, 《백제부흥운동 이야기》, 주류성, 2005

노중국, 《백제사회사상사》, 지식산업사, 2010

노태돈, 《삼국통일전쟁사》, 서울대학교출판부, 2009

노태돈, 《한국 고대사》, 경세원, 2014

노형석, 〈일제, 경성 아닌 평양에 고려총독부 검토했다〉, 《한겨레신문》, 2017.5.1.

대구파티마병원 50년사 편찬위원회, 《대구파티마병원 50년사 1956-2006》, 2006

류바다, 〈1876년 조일수호조규의 체결과 조선의 국제법적 지위〉, 《한국근현대사연구》 78, 2016

류영철, 《고려의 후삼국 통일과정 연구》, 경인문화사, 2004

무라이 쇼스케村井章介, 손승철·김강일 편역, 《동아시아 속의 중세 한국과 일본》, 경인문화사, 2008

미쓰비시 히로시마 前 징용공피폭자재판을 지원하는 모임, 《미쓰비시·히로시마·일본: 46인의 한국인 징용공피폭자》, 倉史社, 2013

박병섭, 〈1953년 일본 순시선의 독도 침입: 해상보안청의 1차 자료 분석〉, 《독도연구》 17, 2014

박병섭, 〈광복 후 일본의 독도 침략과 한국의 수호 활동〉, 《독도연구》 18, 2015

박준형, 《고조선사의 전개》, 서경문화사, 2014

박한민, 〈조일수호조규 관철을 위한 일본의 정찰활동과 조선의 대응〉, 《역사학보》 217, 2013

서영교, 《나당전쟁사 연구》, 아세아문화사, 2006

서영교, 〈餘昌의 백제연합군과 신라의 전쟁〉, 《백제문화》 55, 2016

서일범, 〈서희가 축성한 성곽과 청천강 이북 방어체계〉, 《서희와 고려의 계승의식》, 학연문화사, 1999

서희종, 〈고려 무신집권기 조위총 반란에 관한 연구〉, 성균관대학교 석사학위논문, 2017

신경득, 〈6.25전쟁 초기 조선 종군실화로 본 금강도하1〉, 《사회과학연구》 23, 2005

신경섭, 〈연개소문 인물 형상 연구〉, 《한국동양정치사상사연구》 7-1, 2008

신성재, 《후삼국 통일전쟁사 연구》, 혜안, 2018

신주백, 〈호남의병에 대한 일본 군·헌병·경찰의 탄압작전〉, 《역사교육》 87, 2003

신태수 외, 《준봉 고종후의 수평적 리더십》, 지성인, 2015

신채호, 박기봉 역, 《조선상고사》, 비봉출판사, 2006

신효승, 〈20세기 초 국제 정세 변동과 한인 무장 독립운동〉, 연세대학교 박사학위논문, 2018

안동김씨 대종회, 《탄신 800주년 기념 충렬공 김방경 논문집》, 동서문화, 2012

안종철, 〈19세기 국제법의 성격과 조일수호조규1876〉, 《역사비평》 114, 2016

안주섭, 《고려 거란 전쟁》, 경인문화사, 2003

양기석, 〈관산성전투의 양상과 영향〉, 《중원문화논총》 12, 2009

우인수, 《《赴北日記》를 통해 본 17세기 출신 군관의 赴防生活〉, 《한국사연구》 96, 1997

육군군사연구소, 《한국군사사》, 육군본부, 2012

윤용혁, 《고려대몽항쟁사연구》, 일지사, 1991

이개석, 《《고려사》 원종·충렬왕·충선왕세가 중 원조관계기사의 주석연구〉, 《동양사학연구》 88, 2004

이기봉, 《통일신라시대 災異와 정치·사회 변동》, 충남대 박사학위논문, 2016

이노우에 나오키井上直樹, 〈高句麗史と滿鮮史〉, 《동서인문학》 53, 2017

이동철, 〈한국 문신민속의 양상과 특징〉, 《한민족문화연구》 22, 2007

이문기, 《신라병제사연구》, 일조각, 1997

이문기, 《신라 하대 정치와 사회 연구》, 학연문화사, 2015

이미지, 〈고려시기 對거란 2차 전쟁 유공자와 그들에 대한 추가 포상〉, 《한국사연구》 157, 2012

이영호, 《신라 중대의 정치와 권력구조》, 지식산업사, 2014

이왕무, 〈조선후기 조총제조에 관한 연구: 17·18세기를 중심으로〉, 《경기사론》 2, 1998

이욱, 〈임란초기 영천지역 의병 항쟁과 영천성 復城〉, 《국학연구》 26, 2015

이상훈, 《나당전쟁 연구》, 주류성, 2012

이상훈, 〈이성계의 위화도 회군과 개경 전투〉, 《국학연구》 20, 2012

이상훈, 〈병인양요시기 조선군의 염하수로 도하작전〉, 《한국군사》 34, 2013

이상훈, 〈신립의 작전지역 선정과 탄금대 전투〉, 《군사》 87, 2013

이상훈, 《전략전술의 한국사》, 푸른역사, 2014

이상훈, 《신라는 어떻게 살아남았는가》, 푸른역사, 2015

이상훈, 〈역사의 갈림길, 후삼국시대를 끝낸 일리천전투〉, 《향토와 문화》 75, 2015

이상훈, 〈상주 북천과 문경새재〉, 《향토와 문화》 75, 2015

이상훈, 〈신라의 대당전쟁과 삼국통일〉, 《서울2천년사: 신라의 삼국통일과 한주》, 서울역사편찬원, 2015

이상훈, 〈김춘추의 외교활동과 나당동맹의 결성〉, 《신라 천년의 역사와 문화: 신라의 삼국통일》, 경상북도, 2016

이상훈, 〈임진왜란 육전 최초의 승리, 영천성 탈환전〉, 《향토와 문화》 83, 2017

이상훈, 〈노계 가사의 시작, 울산왜성 전투〉, 《노계 문학세계와 문화콘텐츠화 전략》, 영천시, 2017

이승수, 〈연개소문 서사의 형성과 전승 경로: 연개소문의 형상과 관련하여〉, 《동아시아문화연구》 47, 2010

이영학, 〈조선후기 담배의 급속한 보급과 사회적 영향〉, 《역사문화연구》 22, 2006

이재범, 〈여요전쟁시 고려와 요의 군사력 비교〉, 《서희와 고려의 계승의식》, 학연문화사, 1999

이재준, 《백제멸망과 부흥전쟁사》, 경인문화사, 2017

이종성, 〈종가 문화의 특징과 의의〉, 《인문학연구》 83, 2011

이종욱 외, 《한국 역대 대외항쟁사 연구》, 전쟁기념관, 2014

이홍두, 〈고려 거란전쟁과 기병전술〉, 《사학연구》 80, 2005

임용한, 《전쟁과 역사2》, 혜안, 2004

장창은, 〈6세기 중반 한강 유역 쟁탈전과 관산성전투〉, 《진단학보》 111, 2011

전덕재, 〈관산성전투에 대한 새로운 고찰〉, 《신라문화》 34, 2009

전상균, 〈막말유신기 정한론의 전개 과정〉, 《일어교육》 38, 2006

정순일, 〈마쯔라·아키타·쓰시마에 출현한 寬平신라해적〉, 《한국고대사탐구》 14, 2013

정시열, 《赴北日記》에 나타난 사건과 인물에 대한 試探〉, 《한민족어문학》 67, 2014

정옥근, 〈중국의 禁書 중 참위서적의 흥쇠 연구〉, 《중국학》 31, 2008

정요근, 〈11세기 동여진 해적의 실체와 그 침략 추이〉, 《사학연구》 107, 2012

정해은, 《한국 전통 병서의 이해》, 국방부 군사편찬연구소, 2004

주보돈, 〈5~6세기 중엽 고구려와 신라의 관계: 신라의 한강유역 진출과 관련하여〉, 《북방사논총》 11, 2006

주보돈, 《김춘추와 그의 사람들》, 지식산업사, 2018

최장근, 《한중국경문제연구: 일본의 영토정책사적 고찰》, 백산자료원, 1998

최형국, 《조선군 기병 전술 변화와 동아시아》, 민속원, 2015

최형국, 《조선, 병서를 말하다》, 인물과사상사, 2018

최효식, 〈임진왜란 중 영천성 탈환전투의 고찰〉, 《대구사학》 47, 1994

한국국학진흥원 종가문화조사연구팀, 〈한국의 종가문화 발굴 및 활용사업: 2014년 결과보고서〉, 한국국학진흥원, 2014

한규철, 〈고려 來投·來往 여진인: 발해유민과 관련하여〉, 《부산사학》 25·26, 1994

한성주, 〈고려시대 東女眞·東眞兵의 강원지역 침입에 대하여: 동여진 해적의 침입을 중심으로〉, 《인문과학연구》 30, 2011

한영우, 《다시찾는 우리역사》, 경세원, 2015

한준수, 《신라 중대 율령정치사 연구》, 서경문화사, 2012

홍순권, 〈1909년 가을의 이른바 '남한대토벌작전'에 대하여〉, 《고고역사학지》 9, 1993

홍순권, 〈한말 일본군의 의병 진압과 의병 전술의 변화 과정〉, 《한국독립운동사연구》 45, 2013

張鐵牛·高曉星, 《中國古代海軍史》, 解放軍出版社, 1993

Roy E. Appleman, 《South to the Nakdong, North to the Yalu》, U.S. Army, 1960

아무도 주목하지 않은 살아남은 자들의 시간

전쟁보다
치열했던 **전쟁 이후의 한국사**

1판 1쇄 인쇄 2018년 8월 26일
1판 1쇄 발행 2018년 8월 31일

지은이 이상훈
펴낸이 고병욱

기획편집1실장 김성수 **책임편집** 허태영 **기획편집** 김경수
마케팅 이일권 송만석 현나래 김재욱 김은지 **디자인** 공희 진미나 백은주
제작 김기창 **관리** 주동은 조재언 신현민 **총무** 문준기 노재경 송민진 우근영

펴낸곳 청림출판(주)
등록 제1989-000026호

본사 06048 서울시 강남구 도산대로 38길 11 청림출판(주)
제2사옥 10881 경기도 파주시 회동길 173 청림아트스페이스
전화 02-546-4341 **팩스** 02-546-8053

홈페이지 www.chungrim.com
이메일 cr2@chungrim.com
페이스북 https://www.facebook.com/chusubat

ⓒ 이상훈, 2018

ISBN 979-11-5540-136-1 03910